ちょっとしたことでうまくいく

発達障害の人が上手に体調管理するための本

鈴木慶太・川端大輔 著

SE
SHOEISHA

はじめに

発達障害の特性として、コミュニケーション上の障害や、不注意・抜け漏れなどのミスに関する障害、そして読み書きなどの学習面での障害などが有名で、それに関する本は多く出版されています。その中では、学校での困難、職場での困難、対人関係での困難など多岐にわたる対策が挙げられています。

こういったものを読むと、ASDやADHD、SLDへの対応の肝は、「周囲の環境を整える」ことだとわかります。合理的配慮という周囲の環境を調整することが法律で定められたのも、このあたりの背景があります。

また、うつや不安障害、双極性障害といった発達障害の二次障害については、薬物療法やカウンセリングといった療法がしっかり整えられています。つまり、困ったときに頼る先として医療機関という明確な場所があり、そこで期待される対策も本人に合う薬を探していくという明確な手段があるわけです。原因と対策が明確なことは苦しんでいる人にとって多少なりとも慰めになることでしょう。

しかし、環境調整でも医療でも解決しづらい厄介な課題が発達障害の人には残されています。それが「体調管理」という問題です。

発達障害の人が生活リズムや体調管理に悩むのは、私が15年前に支援を始めたときから向き合い続けている問題です。偉い先生方が書いた発達障害の解説本を読んでも、こだわりやコミュニケーション、不注意や衝動などの解説とそのことへの対策は書かれていましたし、二次障害をどのように緩和するかについてもさまざまに触れられていましたが、体調や体力に関する部分についてはほとんど触れられていません。そのため、私にとっては日々の対人支援を通して手探りで格闘してきた部分といえます。

時にうまくいったケースもありましたし、何も改善せず途方に暮れたケースもありましたが、数千を優に超える事例の中で大きく2つのタイプがあることがわかってきました。

ひとつは、発達障害と不可分の体調不良の問題です。一番わかりやすいのは感覚過敏や感覚鈍麻の問題でしょう。台風がくると体が動かなくなる人、おなかがすいているのがわからず、急にエネルギー切れになり倒れることを繰り返す人など、感覚過敏ひとつとってもいろいろな状態が思い起こされます。最近では発達障害の人のホルモンや腸内細菌などが他の人たちとは異なっていることもわかり始めていて、体調が安定しない状態からより逃れられない印象が強くなってきています。

もうひとつは、多動や不注意、こだわりといった発達障害ゆえに体に不調を感じるケースです。たとえば、リベンジ的に夜更かし（日中自分の思う通りに動けなかった代わりに、1日の最後に夜更かしをして自分の時間を楽しむこと）をして生活リズムが崩れる人や、周囲に気を使い過ぎるあまり、過剰適応によって1年の間に何度も自律神経全般が不安定になる人、食事が偏って基礎体力が乏しくなる人などが思い起こされます。

いずれの場合でも発達障害の人に万能なはずの「環境調整」や現代医学の「服薬調整」が無力であることが多く、当事者の皆さんはもちろん、支援者としても打つ手がなく途方に暮れることもしばしばです。実際SNSなどを見ると、「発達障害の本質はその身体障害性だ」と的を射た表現をされている人にも出くわします。

本書は、そのような発達障害ゆえの体力や体調に関するお悩みに少しでもお応えしようという、もしかしたら世界ではじめての本になるかもしれません。画期的な挑戦ともいえるでしょう。ぜひご自身の積年の悩みをスモールステップで解消する一助にしていただければと思います。

ただひとつお断りをしておくことがあります。これから読み始めようという人には失礼なことかもしれませんが、私は発達障害の身体障害性は本書を一読するだけで変わるものではないと思っています。

皆さんにとって体調不良は数十年続いていることのはずです。したがって、一朝一夕に問題が解決するはずはなく、継続した取り組みが不可欠です。そのため、本書の中で少しでも試してみようと思う方法やアプリがあったら、少なくとも2週間は続けるようにしてください（これがADHDの特性のある人には難しいわけですが……）。一人で続けるのが難しい人も多いでしょう。続けるためにも当事者会に入ったり、当社のような福祉機関（この本に書いたノウハウは自立訓練（生活訓練）で試し続けているものです）に通ったり、「戦友」や「コーチ」を見つけることをおすすめします。

発達障害の人にとって体調管理の道は戦いともいえます。ぜひ戦いに向けた体制を本書で一緒に整えていきましょう。

2024年11月

鈴木 慶太・川端 大輔

第1章 「睡眠の悩み」を何とかしたい！
――うまく眠れていない悩みを解決！

第2章 「体調が優れない」のを何とかしたい！
——いつも疲れていて調子が出ない

第3章 「気持ちが安定しない」のを何とかしたい！
―気分の波が激しい、落ち込みやすい

第4章 「生活の乱れ」を何とかしたい！
——なんとなく調子が出ない毎日……

第5章 「体がうまく使えない」のを何とかしたい！

——運動が苦手だったり、不器用だったり

第7章 「ついついやってしまう」のを何とかしたい！

——ブレーキが利かないのは、どうしたらいい？

Point 1
発達障害の方が体調を管理するうえで直面するさまざまな悩みの事例を紹介しています。

薬を飲むのを忘れてしまう

対策

- 服薬を管理してくれるアプリを使う
- 飲み忘れを防止できるピルケースを活用する
- 家族にも協力してもらう

事例 大事な薬をしょっちゅう飲み忘れてしまう

医者から薬を処方されており、朝晩、食後に飲まなければならないにもかかわらず、ついつい飲み忘れてしまう。薬を飲まなくても調子がよいなら問題ないかもしれないが、不安になったりイライラしたりして、精神状態が不安定になったりしてしまう。

いつも「薬を飲まなくては」と思ってはいるけれど、他のことに気を取られると、机の上に置いたり、ポケットに入れたまま、結局飲み忘れてしまう。気がつくと、3〜4日連続で飲み忘れていることもあった。

特に、平日の朝はだいたいギリギリまで寝ているため、急いでパンだけ食べたり、朝食を抜いたりすることも日常茶飯事で、バタバタしているうちに飲み忘れることが多い。

そのまま出勤すると、時折、仕事場で不安が強くなり、落ち着かなくなってしまう。どうしたらいいだろうか。

原因 ワーキングメモリと実行機能が弱いため、忘れてしまう

ADHDタイプの場合、薬を飲み忘れる悩みを持つ人は少なくない。ワーキングメモリと実行機能（108ページ参照）が弱いため、**一度に複数のタスクをこなせず**、他のことに気を取られると、薬を飲まなければならないことを忘れてしまうのだ。

「毎食後」「朝晩」など記憶しているにもかかわらず、いざそのと

118

Point 2
どのような原因で事例の特性が出るかを、医学的にアプローチしています。

本書の特長

Point 3
医療的なアプローチではなく、現場の人が現場の仕事に対応するために編み出したやり方を解説しています。

きになると、他のことに気を取られているうちに忘れてしまう。手元にどんどん飲み忘れた薬がたまっていくなどという悩みを持つ人は、少なからずいるはずだ。

解決法 管理の方法を検討してみよう

服薬を管理してくれるアプリを使う

この場合、根性論だけでは絶対にうまくいかない。「忘れないように」と思っていても、忘れてしまうのだから仕方がない。思い切って自分を信じるのをやめ、**管理の方法を検討する**ほうが得策だろう。

たとえば、無料の健康管理アプリ「マイセラピー」なら、薬の飲み忘れを防止するために、登録した時間に毎回リマインドを送ってくれる。薬の名前や摂取量も登録できるので、複数の薬を飲んでいる場合でも、混同する心配がない。「重要リマインダー機能」を利用すれば、マナーモードにしていてもサウンドによる通知が行えるのもポイントが高い。

このアプリでは血圧や体重、心拍数などの測定値を記録でき、健康状態や薬の摂取状況などを自動的にまとめ、PDF形式のヘルスレポートを作成してくれる。印刷したりメールで送信したりして、家族に自分の健康状態を把握してもらったり、医師や薬剤師とシェアしたりもできるので、便利だ。

「マイセラピー」なら薬を飲む時間を管理できる

また、kaienが開発したお仕事総合支援アプリ「ミッテル」でも、服薬の管理ができる。ミッテルでは、服薬や気分、食事、睡眠など、発達障害の人が崩しやすい生活リズムを記録できる。自分の活動状況を記録することを毎日の習慣にすれば、飲み忘れを防止する意識を高められる。

就職先の企業、支援先の事業所や病院などと共有することも可能なので、医師に現状を把握してもらってアドバイスをもらったり、周囲にリマインドをお願いしたりと、サポートが得られやすいメリットもある。

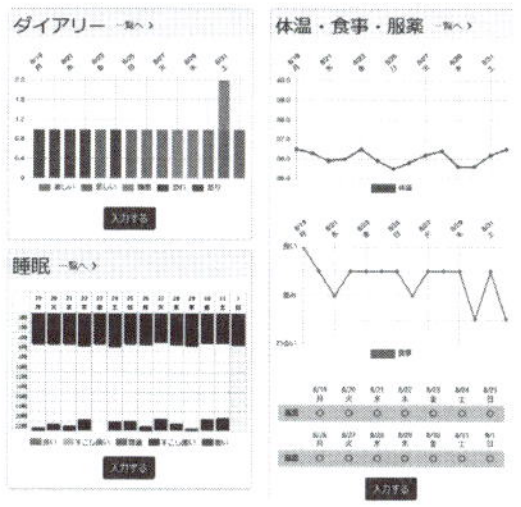

kaienの「ミッテル」でも服薬の管理ができる

Point 4
発達障害支援の現場で生み出した「手前」のつまずきをなくしていくためのヒントが満載です。

発達障害の種類

本書では、ADHD（注意欠陥・多動性障害）、ASD（自閉スペクトラム症）、LD（学習障害）という代表的な発達障害に絞って対策を紹介しています。

発達障害についてあまり詳しくなくても、「ADHD」とか「アスペルガー症候群」といった名称は聞いたことがあるかもしれません。最近、雑誌やテレビでも取り上げられることの多くなった名称です。

発達障害にもいろいろな種類がありますが、「ADHD」や「アスペルガー症候群」は、その発達障害の種類のひとつです。

ADHDとASD、ASDとSLDなど、複数の発達障害の特徴が当てはまることもあります。この場合、医師から複数の発達障害の診断が下りる場合もあります。

発達障害の診断は難しく、専門医がさまざまな検査を行って慎重に判断するものです。発達障害の傾向があるからといって実際に障害があると診断できるものではなく、自己判断はもちろん、専門家以外の人が見て判断できるものではありません。

発達障害自体、まだまだ研究が進められている段階で、ADHDやASDといった名称も、これから変化するかもしれません。映画などで描かれたことで知られるようになった「アスペルガー症候群」についても、現在の診断ではASDの中に吸収されています。

それぞれの障害について、次ページで簡単に特徴と特性を並べています。なお、これらは一般的なもので、実際には人それぞれで違いがあることを先にお断りしておきます。仮に全部の特徴と特性に当てはまったとしてもその障害であるとは限りませんし、診断が出ている人でも当てはまらないものもあります。

ADHD
（注意欠陥・多動性障害）

特徴

不注意で気が散りやすかったり、思いつくと衝動的に行動してしまったりします。一方でやるべきことになかなか手をつけられない先延ばし傾向も特徴のひとつです。

特性

- 衝動的に行動してしまうことで、過食や依存などによる健康的な問題を抱えやすい
- 優先順位をつけることが苦手なため、タスクを抱え込み、キャパオーバーになる
- 関心が薄いことに集中力を保つことが難しく、大事な場面で眠気を感じることがある
- 脳が興奮状態になると、時間を忘れて集中するため、睡眠不足になりやすい
- 時間の管理が苦手で、生活のリズムが乱れやすく、体調管理が難しい

ASD
（自閉スペクトラム症）

特徴

自閉症、アスペルガー症候群などを含めた障害の総称です。学び方や認知、感覚などが他の人たちとは異なるため、コミュニケーションや社会生活に困難が生じます。

特性

- 刺激に過敏なため、蛍光灯やLEDなどのまぶしい光で疲れやすい
- 聴覚過敏などの理由で、眠りが浅かったり、体調を崩しやすかったりする
- 気分の切り替えが難しいため、不安やイライラ、心身の不調などに陥りやすい
- ルーティンにこだわり、自分のペースが乱れるとパニックを起こす
- 好きなことに対しては寝食を忘れて没頭するため、体に負荷がかかりやすい
- 自分の状態を把握し言葉に表すことが苦手なので、疲労を自覚できず、いきなり過労で倒れることがある

SLD
（限局性学習障害）

特徴

知的な問題がないのに特定のことが極端に困難となる障害です。苦手なものは人によって異なりますが、すらすら読み書きができないディスレクシアが代表的です。

特性

- 計算間違いや読み飛ばしなどのミスが多いため、仕事などでは必要以上に集中力を使う必要があり、緊張することが多い
- 書類など長く複雑な文章を読むだけで疲れてしまうため、疲労がたまる
- 幼い頃から読み書きが困難なことで自信を失う場面が多く、心身の不調につながりやすい

DCD
（発達性協調運動症）

特徴

筋力や神経、視覚や聴覚などに異常がないにもかかわらず、手と手、目と手、足と手などを協調させて行う運動や動作が苦手で、日常生活に支障が出てしまう状態です。

特性

- 自分の体がうまく使いこなせないため、日常的な動作に多くのエネルギーを使わなければならない
- しょっちゅう転んだり、ぶつかったりするため、生傷が絶えない
- 姿勢を保つのが難しく、座っているだけで疲れる
- 肩こり、腰痛など、さまざまな不調に悩まされる
- 手先が不器用なため、些細な作業でも時間がかかってしまう

第1章

「睡眠の悩み」を何とかしたい！

うまく眠れていない悩みを解決！

発達障害の人の5割以上が睡眠の問題に悩んでいるといわれている。寝つきが悪い、夜中に目が覚めるなどで慢性的な睡眠不足があると、思うように実力が発揮できないことが多く、そのことがさらに睡眠の問題を悪化させる悪循環が起こりやすい。まずは、自分の睡眠の状態を見直してみよう！

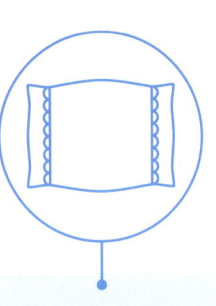

朝、なかなか起きられない

対策

- 睡眠の記録を取る
- 自分にマッチした目覚まし時計を活用する
- 毎日、10分ずつ早く起きる

事例 寝起きが悪く、毎朝バタバタしてしまう

夜は日付が変わる前に寝て、翌朝6時半に起き、睡眠時間は確保しているのに、寝起きが悪い。目覚まし時計やスマホのアラーム機能を駆使しても起きられず、無意識のうちにアラームを消したり、アラームに気がつかずに二度寝してしまったりする。

結果、毎朝のように時間に間に合うようにバタバタと支度をし、慌てて家を出ることになる。朝食を食べる時間もなく出勤するが、出社時間がギリギリだったり、遅刻したり……。上司からも注意を受けることが多く、気持ちが落ち込んだ状態で仕事をスタートするのが日常茶飯事。

とにかく、朝、決まった時間に起きられるようになりたい！

原因 必要な睡眠時間が確保できていない可能性が高い

ちゃんと睡眠を取っているはずなのに、朝、スッキリ起きられないという悩みを抱える人の場合、まずは**睡眠時間を見直してみよう**。

大人に必要な睡眠時間は一般的に7〜9時間といわれているが、実は個人差がある。朝、スッキリ起きられていないなら、自分に必要な睡眠時間が確保できていない可能性が高い。

また、次ページの図の通り、ライフスタイルにかかわらず、睡眠時間は年齢によっても変化し、一般的には年齢を重ねるにつれて短くなる。10〜20代では9時間前後の睡眠が必要なこともある。

起きるタイミングがずれている?

睡眠は、ノンレム睡眠とレム睡眠の2つで構成されている。ノンレム睡眠は大脳を中心に脳が休んでいる状態のことだ。一方、レム睡眠では筋肉が弛緩して体が休息を取る。

人によって必要な睡眠時間は違うが、眠りについて1時間で最も深い眠りになり、その後レム睡眠(10〜20分)とノンレム睡眠(60〜80分)のセットを4〜5回繰り返し、レム睡眠時に起床するのが、理想的な睡眠のサイクルだ(下図参照)。これなら脳も体もしっかりと休まり、スッキリとした朝を迎えられる。

スッキリ目覚められないのは、**睡眠のサイクルと起きるタイミングがずれているのかもしれない。**

また、メラトニン(45ページ参照)

正常な睡眠時間は?

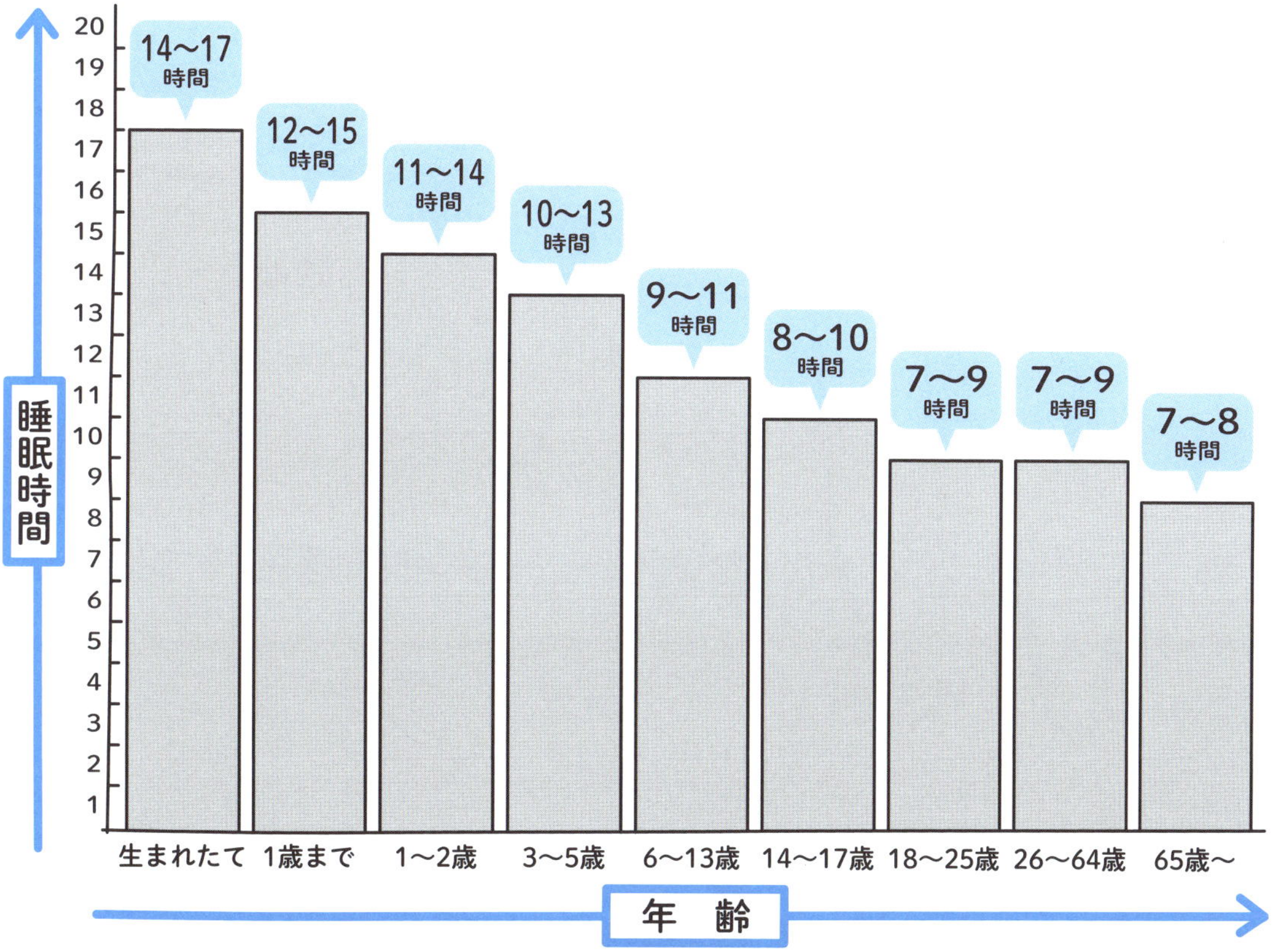

出典:渥美正彦『睡眠専門医が教える! 子供が起きなくなったときに、親子で読む本』(セルバ出版)

質のよい睡眠のイメージ

	レム睡眠	ノンレム睡眠
脳の状態	大脳の一部が部分的に活発	全般的に活動は低い
体の状態	筋肉がゆるみ、ほとんど動かない	寝返りなどの活動が見られる
呼吸の状態	自律神経が不安定になり変動する	呼吸や心拍数は少なくなる
眼球運動	素早く運動する	ゆっくり動く
夢	鮮明な夢を見る	夢はほとんど見ない
目覚め	良い	悪い

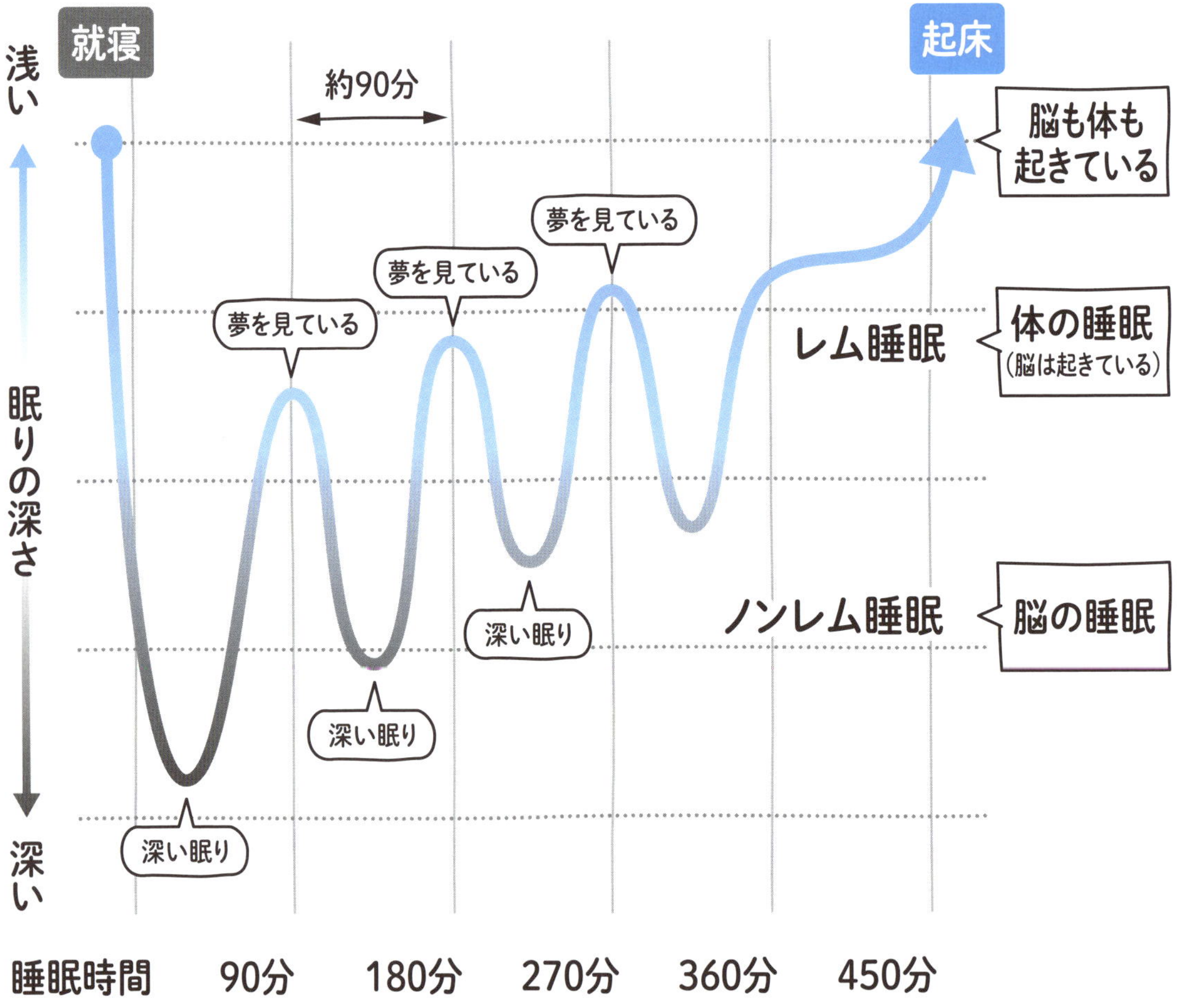

の分泌がうまく行われず、体内時計（42ページ参照）が乱れていると、寝起きが悪く、朝起きられない原因になる。

睡眠時無呼吸症候群など、睡眠障害の可能性も

しっかり眠っているはずなのに疲労感が取れない、夜中に苦しくて目が覚めてしまう、何度も起きてしまうなどの症状が目立つなら、睡眠時無呼吸症候群などの睡眠障害が背景に隠れている可能性も考えられる。

睡眠時無呼吸症候群は睡眠中に気道が狭くなり、正常な呼吸ができなくなることで生じる症状だ。肥満や口呼吸などが原因で起きている。

睡眠中に何度も呼吸が止まったり、浅くなったりして低酸素状態が発生するだけでなく、高血圧、心臓病、脳卒中、糖尿病など合併

症の危険も高い。気になる症状が目立つなら、迷わず睡眠外来などの専門医を受診しよう。

解決法 状況を把握し、睡眠リズムとサイクルを改善する

睡眠状態を記録しよう！

朝スッキリ起きられないのなら、本当にしっかり眠れているのか、まず自分の睡眠状態を把握する必要がある。

そのためには、**睡眠の記録を取ることから始めよう**。手軽な方法として、スマホのアプリやウェアラブル端末を活用するのがおすすめだ。

睡眠アプリ「Sleep Meister」は、アラームをセットして枕元に置いておけば、就寝時刻や入眠時刻、起床時刻などのデータを取ってくれる。また、運動や食事などの行動を自分で記録することもできる。

さらに、設定時刻の30分前から、眠りが最も浅くなったタイミングでアラームを鳴らし、快適な目覚めをサポートしてくれるので便利だ。

また、時計型のウェアラブル端末「Fitbit」なら、つけて寝るだけで睡眠時の心拍数や睡眠時間、寝返りの状況、呼吸などのデータが記録できる。

世界最大規模のデータベースに基づき、睡眠スコアをグラフで表示してくれるので、毎晩の睡眠の質を客観的に分析できる。目標を設定すれば、ゲーム感覚で楽しく1日の睡眠リズムを調整するのに役立つ。

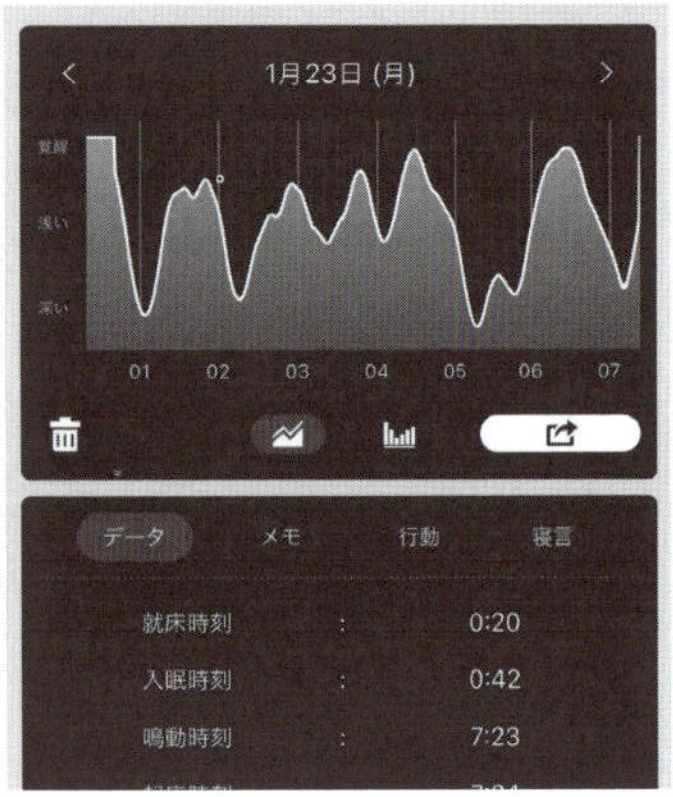

睡眠アプリ「Sleep Meister」

Fitbit Sense 2 スマートウォッチ
出典：https://store.google.com/jp/product/fitbit_sense_2?hl=ja

自分にマッチした目覚まし時計を探してみよう

「単純に寝起きが悪いだけ」なら、使っている目覚まし時計を**自分にマッチしたものに変えるだけ**で改善できる場合もある。

たとえば、「twoheads 目覚まし時計 光 お目覚めスイッチ」は、光で起こしてくれる新感覚の目覚まし時計だ。アラームを設定した

時刻の30分前から徐々に明るくなっていき、20段階のステップを踏んで、設定時刻になると最高輝度に達する。同時に、小鳥のさえずり、風鈴、川のせせらぎなど、音のアラームも鳴るので、寝過ごすリスクを軽減できる。「目覚ましの音に気づかない」「無意識に止めてしまう」という人には試してもらいたい。

「必ず起きることができる」大音響の目覚ましを探している人におすすめしたいのが老舗時計メーカー、リズムの超大音量目覚まし「フィットウェーブバトル230」だ。

フィットウェーブバトル230
出典：RHYTHM HP
URL：https://rhythm.jp/products/detail/?goods_cd=8RZ230SR02

30種類のアラーム音を搭載しており、自分が起きやすい音を選べる。また、おまかせモード機能を用いることで、アラーム音を毎回ランダムに変えられるのも特徴だ。スピーカーを強調したフォルムと大胆なカラーリングも魅力的だ。

スマホを目覚まし時計として使っている人におすすめのアプリが、「おこしてME - 目覚まし時計と睡眠」だ。数学の問題を解く「数学ミッション」、最大999回スマホを振らなければならない「シェイクミッション」、登録した場所を撮影する「写真ミッション」など、自分に合ったミッションを設定できる。ミッションをコンプリートしなければアラームが解除されないので、二度寝の防止になり、自然にアラームで起きる習慣が身につきやすい。

適切な時間に睡眠を促してくれる就寝リマインダーや、好みの睡眠環境を作れる睡眠サウンド機能があるほか、睡眠追跡および分析機能もあるので、自分の睡眠状態を把握するのにも役立ちそうだ。

毎日、10分ずつ早く起きる

1日は24時間だが、実は体内時計の周期は24時間ではない。個人差があるといわれているが、24時間より10分ほど長めなため、意識していないとずるずると生活が後ろにずれていく。

体内時計が大きくずれている場合、急に早起きしようとしても難しく、徐々にしか変えられない。むしろ急に早起きすると、逆効果になるリスクもある。体内時計を戻せる目安は1週間で1時間程度に過ぎない。つまり、いきなり起きる時間を早くするより、**10分ずつ早く起きる意識を持つ**ほうが、調整しやすいことを覚えておこう。

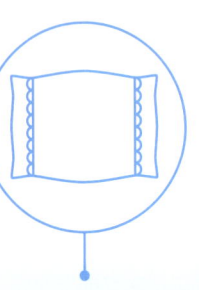

睡眠リズムが整わず、昼夜逆転になってしまった

対策

- 寝る前にはカフェインをとらない
- 「ついつい」やってしまう行動をなくすようにする
- アプリでモチベーションを高める

事例

昼過ぎまで寝てしまい、夜になると目がさえて眠れない

朝、起きるのが苦手で、特に休みの日は昼過ぎまで寝ていることが多い。

食欲もなく、なんとなく日中はぼんやりしていて頭がスッキリしないので、ダラダラと過ごしてしまう。夕飯を食べ終わったぐらいからようやく元気になり、ネット上の知人とチャットをしたり、オンラインゲームで盛り上がったり……。

スイッチが入るととても楽しく、まったく眠くならないので、深夜にまで及んでしまうことも日常茶飯事だ。コーヒーなどのカフェイン飲料が好きでよく飲むからなのか、どんどん目がさえてしまう。

知人が寝てしまった後も、ベッドの中で動画を見たり、推しの情報を検索したり……。気がつくと明け方になっている日もある。

そこから寝るので、当然のことながら翌日は午前中には起きられない。なのにその日も夜になり、好きなテレビ番組を見たり、やりたいことが見つかったりすると、また夜更かしをする悪循環。完全に昼夜逆転の生活になってしまった。

原因

欲望に振り回され自制できず、睡眠リズムを整えられない

脳が興奮状態になる

ADHDの人は、**さまざまな情報をキャッチし衝動的に動いてしまう**特性がある。寝る時間になっ

てもスマホをチェックしたり、ネットニュースを見たり、次から次に思いつきで行動し、眠りにつくタイミングを逃してしまいがちだ。楽しいことに集中していると脳が興奮状態になり、眠気を感じなくなる。

特にスマホからの光による刺激や、SNS上でのコミュニケーションは、脳を活性化させて覚醒させるため、体が疲れていてもどんどんハイテンションになり、目がさえ、眠れなくなってしまう。

集中し過ぎてしまう

夜になって見たいテレビ番組があったり、動画配信が始まったり、好きなゲームをオンライン仲間と一緒にプレイしたりと、多くの楽しみがあり、その時間に合わせて生活していると、夜型の生活になって昼夜逆転してしまう。

特に発達障害の人は、一度「楽しい」スイッチが入ると、時間が経つのを忘れ、過度に集中する「**過集中**」を起こし、明け方まで興奮状態が続くこともある。

過集中とは、集中し過ぎる状態のことだ。脳がフルパワーで活動することにより、通常の何倍もの力を発揮できる。周囲の環境や雑音、話し声などに惑わされることなく、自分がやりたいことに没頭できるというメリットがある反面、自分で制御できなければ昼夜逆転の要因になりやすい。

また、過集中の反動で、ぼんやりしてしまう状態を「**虚脱**」とも呼ぶ。脳がフルパワーで働いたことでガソリンがなくなりエンジンがかからない状態だ。深夜に過集中を起こし、日中ダラダラしてしまう、学校や職場でやる気が出ないという悩みを持つ人は少なくない。過集中と虚脱を繰り返していると、昼夜逆転のみならず、体調不良につながる可能性が高いので、注意が必要だ。

悪い習慣を自制できない

カフェイン飲料を飲み過ぎるのも、ADHDの特性が関係しているかもしれない。

衝動性が強いと、「寝る前だからやめておこう」「一杯だけにしておいたほうがいいな」などと考えて自制することができず、欲望のまま、時間帯や量を気にせず飲んでしまいがちだ。

ルーティンがやめられない

ASDの人の場合は、**一度決めたルーティンを崩すことが苦手**で、

入眠儀式にこだわる傾向がある。「寝る前にゲームでストレスを発散する」など、決めたルーティンをやらないと気が済まなくなり、疲れているのにもかかわらずゲームやスマホを手にしてしまいがちだ。

解決法

原因をピックアップし、ひとつひとつ改善していく

カフェイン飲料は別の飲み物に

昼夜逆転を直すために、**原因をひとつひとつ分析し、できることから改善していこう。**

たとえば、カフェイン飲料に関しては、できるだけ寝る前に飲むのは控え、ハーブティーやルイボスティーなど、ノンカフェインの飲料に置き換える努力をしてみよう。

どうしてもコーヒーや紅茶が飲みたいなら、夜はカフェインを抜いたデカフェのものを飲むようにしよう。最近は、スーパーやドラッグストアで購入できるので、好みのものを探してみよう。

「ついつい」をなくしていこう！

刺激のもとになるスマホやパソコン、ゲーム機などは、できれば寝室には持ち込まず、枕元に置かないほうがベター。簡単には手が届かない場所に片づけよう。また、「ついつい」寝る時間が遅くなる場合は、スケジュール管理を徹底しよう。

まず、テレビ、スマホ、パソコンなどの使用時間を決め、ウィークリータイマーなどを使い、決まった時間になったら電源が切れるように設定しておく。深夜のテレビ番組や配信される動画などは録画するなどし、休日の日中決まった時間に視聴するようスケジュールを決めるといい。

「ついつい昼まで寝てしまう」場合は、必ず朝に外出する予定をルール化しよう。週末に昼夜逆転になりやすいなら、図書館や漫画喫茶など休日に行く場所を決めたり、犬の散歩や植物の水やりなどの予定を決めたりして、朝に活動し、たっぷり日の光を浴びることを心掛けよう。

アプリでモチベーションを高める

「改善策はわかっているがモチベーションが続かない」「それができれば苦労しない」という人も多いかもしれない。

「早寝早起き」という正しさにとらわれると、そのプレッシャーから、ますます悪循環に陥ることもある。**まずは自分の快適さを重**

「ついつい」をなくすための工夫

「ついつい」をなくすため、ゲームをやってよい時間、ベッドに入る時間などのルールを決める

スマホはタイマー機能をセットし、使用時間を制限する

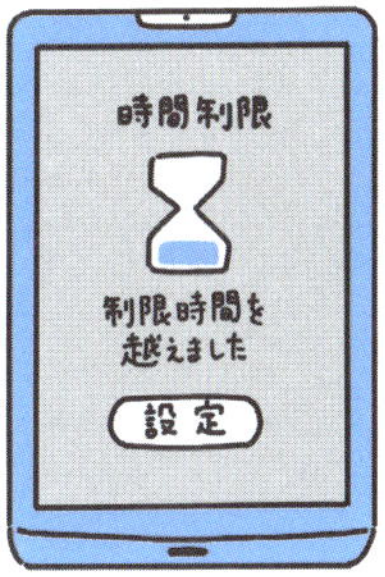

テレビはウィークリータイマーなどを使い、視聴時間を管理する

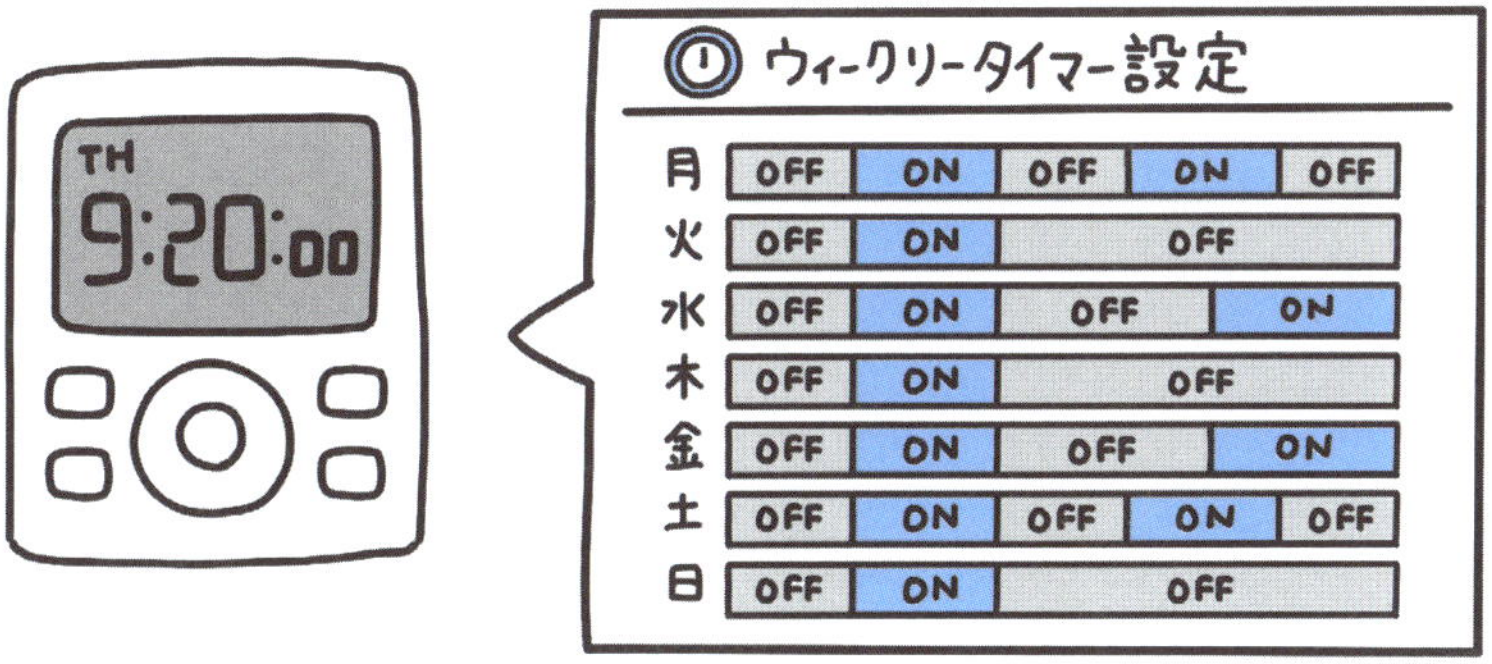

深夜のテレビ番組などは録画して休日に視聴する

午前中に外出する予定をルール化する

視して考えよう。

そんなときには、ゲーム感覚で取り組めるスマホのアプリを活用するのもひとつの手だ。たとえば、「Blockin（ブロッキン）」はムダなスマホ利用を防止するシンプルなアプリだ。受験や資格試験などに集中したい人のために開発されたアプリだが、それ以外の人にもおすすめできる。特定の時間帯の利用を制限したり、1日の利用時間を制限したり、ライフスタイルに合わせてカスタマイズでき、設定時間が経過すると自動ブロックがかかる。

また、それぞれの利用状況に応じ、色や表情、大きさ、形などが異なるかわいいアイコン「ブロッキン」を獲得できるのが、誘惑に打ち勝つためのモチベーションにつながる。

カレンダー機能を使うと、ダッシュボード形式で月単位のスマホ利用制限状況をすぐに把握できるほか、カレンダー上に日ごとの成果が表示されるので、自身の進捗と成果を俯瞰的に確認できる。

また、1日単位でも、スマホの利用時間と個々のアプリ利用時間、スマホの起動回数、通知を受信した回数を確認できるので、スマホ依存気味になっていないか、客観視するきっかけになるはずだ。

もっとゲーム感覚で取り組みたい人におすすめしたいアプリが、「Pokémon Sleep」だ。その名の通りポケモン好きにはたまらない、ゲーム感覚で楽しく取り組める睡眠アプリだ。

冒険の舞台は、大きなカビゴンのいる小さな島。そこで、ネロリ博士と一緒にポケモンの寝顔を調査して、「寝顔図鑑」を完成させるのが与えられたミッションだ。

アプリを起動したスマホを枕元に置いて寝るだけで、寝つくまでの時間、睡眠時間、うとうとの時間、ぐっすりの時間など、さまざまな睡眠データが記録される。

さらに、それらのデータをもとに、その日の睡眠タイプが診断され、「うとうと」「すやすや」「ぐっすり」「特徴なし」に分類される。分類された睡眠パターンを持つポケモンたちが、カビゴンの周りに集まってくるので、集まってきたポケモンたちを仲間にすることができる。カビゴンは、仲間にしたポケモンが取ってくる木の実を食べると、エナジーが大きくなる。カビゴンのエナジーとあなたの睡眠スコアの掛け算が「ねむけパワー」になり、これが大きくなると、翌朝たくさんのポケモンが集まってくるので、眠れば眠るほど、多くの仲間をゲットできる。

ポケモンならではの音楽が流れる睡眠導入サウンド、睡眠グラフの浅いステージで起こしてくれるスマートアラームなど、うれしい機能が満載なので、ポケモン好きにはうってつけのアプリだ。

ゲーム感覚で取り組める睡眠改善に役立つアプリ

Blockin

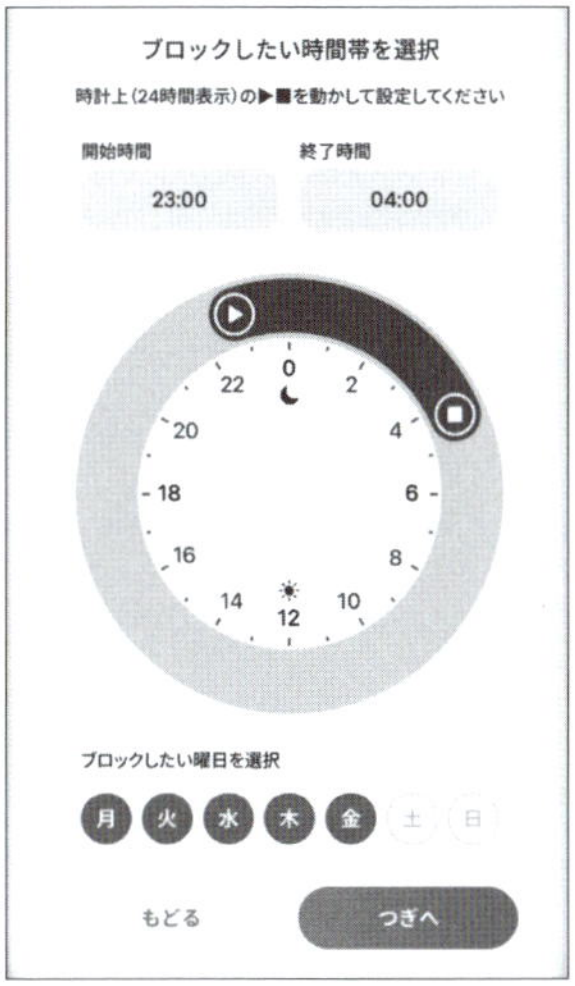

使い過ぎてしまうアプリの1日の利用
可能時間と利用できない時間帯を設定できる
出典：Noova HP
URL：https://blockin.life/

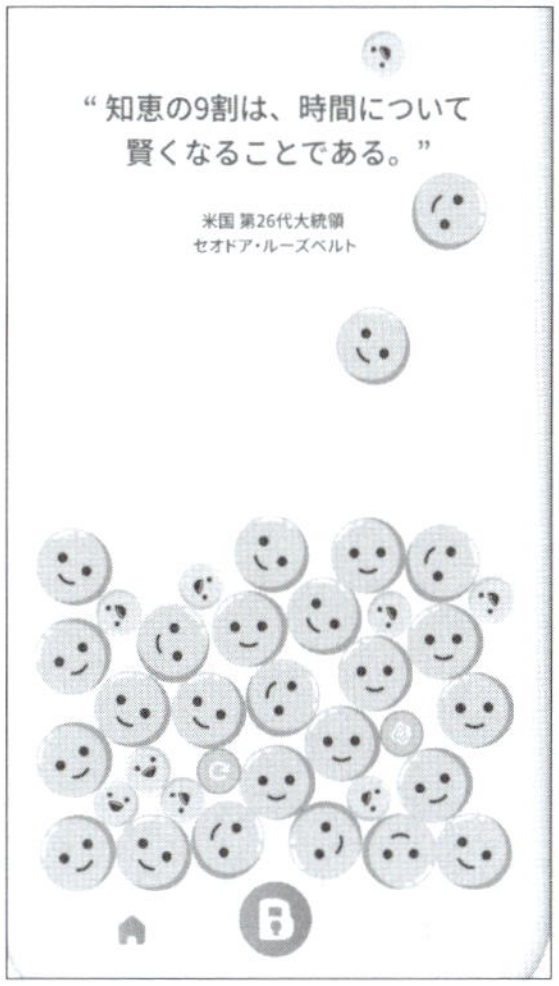

ブロック設定を守ることで
ブロッキン（報酬）が貯まる

Pokémon Sleep

ゲーム感覚で睡眠時間を測定できる

睡眠スコアに応じて
「ねむけパワー」が獲得できる

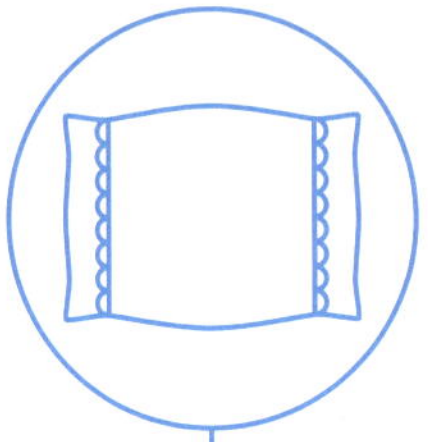

日中、ウトウトと居眠りしてしまう

対策

- アプリで音楽を聴いて集中力を高める
- 眠気防止グッズを持ち歩く
- スタンディングデスクやバランスボールを活用する

事例

夜はしっかり睡眠を取っているが、仕事中に、ウトウトと居眠りしてしまう

仕事中に居眠りするつもりはないにもかかわらず、無意識のうちにウトウトして眠ってしまう。サボるつもりはないのに、「サボっている」と勘違いされ、「不真面目だ」「自己管理ができていない」「社会人としての自覚がない」などと会社で怒られることが多くなってきた。

この間は、大事な会議の際に部長の話の途中で眠ってしまうという大失態を起こしてしまい、さすがに反省している。睡眠を取っているはずなのに、日中、眠たくなってしまい困っている。

原因

ドーパミンの低下で集中力が続かず、眠ってしまう

発達障害の人はドーパミンやノルアドレナリンなど**覚醒を維持するホルモンの働きが鈍くなる**ことがあり、集中力が低下し、眠気を感じやすくなるといわれている。

特に、仕事内容が単調だったり、長時間の会議がダラダラ続いたりすると、退屈し、集中力が途切れ、眠くなることがある。

また、どんなに睡眠を取っていても急に強い眠気に襲われる場合は、**ナルコレプシー**という病気を併発している可能性もある。

ナルコレプシーは、十分睡眠を取っていても、昼間に突然我慢できないほどの強い眠気に襲われ、眠ってしまう睡眠障害のひとつだ。覚醒を保つ役割を持つオレキシンというタンパク質を作り出せなくなることで起きるというメカニズムがわかってきた。

日中に過度の眠気を感じ、5〜15分程度眠ってしまう（睡眠発作）が、目覚めると一時的に眠気が取れるのがナルコレプシーの特徴だ。眠りに入るときに一時的に体が脱力したり（情動脱力発作）、幻覚を鮮明に感じたりする症状（睡眠麻痺、入眠時幻覚）が見られる場合もある。

解決法 程よい刺激でウトウトを予防！

アプリで音楽を聴いて集中力を高める

ウトウトを避けるためには、程よい刺激を入れ、覚醒を保つことが大切だ。覚醒をコントロールできるスマホのアプリでおすすめなのが**「Pzizz」**だ。リラックスした音楽を聴くことで心や体の緊張をほぐし快眠へと導いてくれる不眠解消アプリだが、日中も活用できる。たとえば、仕事中は集中力を高める「Focusモード」、眠くなったら「intenseモード」で目を覚まし、お昼休みには、「Napモード」を使って仮眠するなど、シーンに合わせて使い分けることで、仕事中のウトウトを予防できる。

「Pzizz」はシーンに合わせて使い分けられる

ミントタブレットやアロマなど、眠気防止グッズを持ち歩く

興味関心が薄いことに対して集中力が途切れやすく、ついつい会議や研修の席で眠ってしまう人は、ミントタブレットやアロマオイルなど、**そのまま寝落ちする事態を防ぐための対策グッズをポケットに忍ばせておこう。**最近ではミントタブレットも大粒タイプや添加物ゼロのオーガニックなものなど、さまざまなものが売られている。

ペパーミントやハッカなどミント系のアロマオイルや、レモンやグレープフルーツなど柑橘系のアロマオイルは、眠気を覚ます効果が期待できるといわれている。そのままにおいをかいでもOKだが、マスクやハンカチにたらして使うのもおすすめだ。

また、覚醒を高め眠気を覚ますためには、**適度な刺激を入れること**が効果的だといわれている。ツボ押しグッズやボールの表面にイガイガのついた触覚ボールなど、人に見られずポケットの中で握れるサイズのアイテムを携帯しておくと安心だ。

スタンディングデスクやバランスボールを活用する

自由が利く職場やテレワーク中であれば、**仕事をする環境そのものを考え直してみよう**。

たとえば、日中の仕事はスタンディングデスクやバランスボールを使うなど工夫し、眠りづらい姿勢を取る方法もある。バランスボールは体幹の筋肉を鍛える効果もあるので（126ページ参照）、特におすすめだ。

眠ってしまったときの対策アイテムを常備しておく

「いろいろ工夫しているけれど、どうしても眠ってしまう」人もいるかもしれない。そんな人におすすめしたいのが、**万が一「眠ってしまった」ときに役立つアイテムの活用だ**。たとえば、「BLACK ALERT」は、耳にかけるタイプのコンパクトな居眠り防止アラームだ。装着して顔が前方に30度傾くと、アラームが発動するシンプルなしくみだ。

大音量で起こしてくれるアラートモードと、静かな場所でも使用できるバイブレーションモードの2モードが搭載されているので、シーンを選ばず仕事中でも使用できる。

耳に当たる部分は柔らかいラバー素材なので、長時間使っていても耳が痛くなりにくい。

かばんなどに常備しておいて、「ヤバそう」と感じるシーンで装着しておけば、ウトウトしたときに起こしてくれるので安心だ。

「BLACK ALERT」は耳にかけるタイプの居眠り防止アラーム
出典：有限会社ダヴィンチクリエイトHP
URL：https://davinci-presents.com/shopping

強い眠気に襲われるなら自分の睡眠状況を把握しよう

対策をとっているのに、日中に強い眠気に襲われる場合は、睡眠時無呼吸症候群の可能性も考えられる。まずは、**自分の睡眠の状況をモニタリングしてみる**といい。

「いびきラボ」は枕元に置いておくだけで、いびきを記録、測定してくれる便利なアプリだ。いびきの大きさや激しさが測定できるほか、いつ、どのようにいびきが激しかったかを表示してくれる。

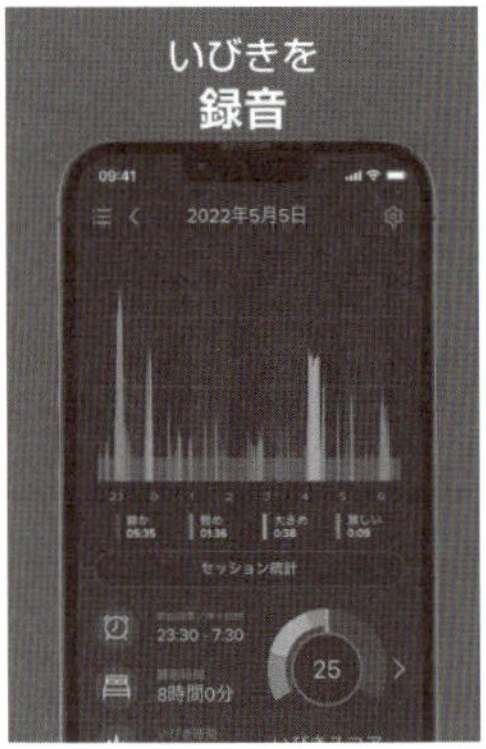

「いびきラボ」を活用すれば、いびきの大きさや激しさが測定できる

さらに、生活習慣による要因やいびきの治療法を示してくれる。いびき対策に効果的な方法を見つけるサポートもしてくれるので大変便利だ。

すでに５０００件万以上の睡眠をモニタリングしており、医師、歯科医からの評価も高い。数日間のいびきの比較も可能なので、睡眠時無呼吸症候群などの睡眠障害を調べる場合など、医療に関する相談にも活用することが可能だ。

ナルコレプシーが疑われるなら医療機関に相談

日中に強い眠気を感じ、睡眠発作の症状があり、ナルコレプシーが疑われる場合は、学業や仕事の妨げになるだけでなく、転倒や転落、交通事故などの危険性も高い。気になる症状があるなら放置せず、睡眠外来などがある専門の医療機関に相談してみよう。

眠気防止グッズを活用する

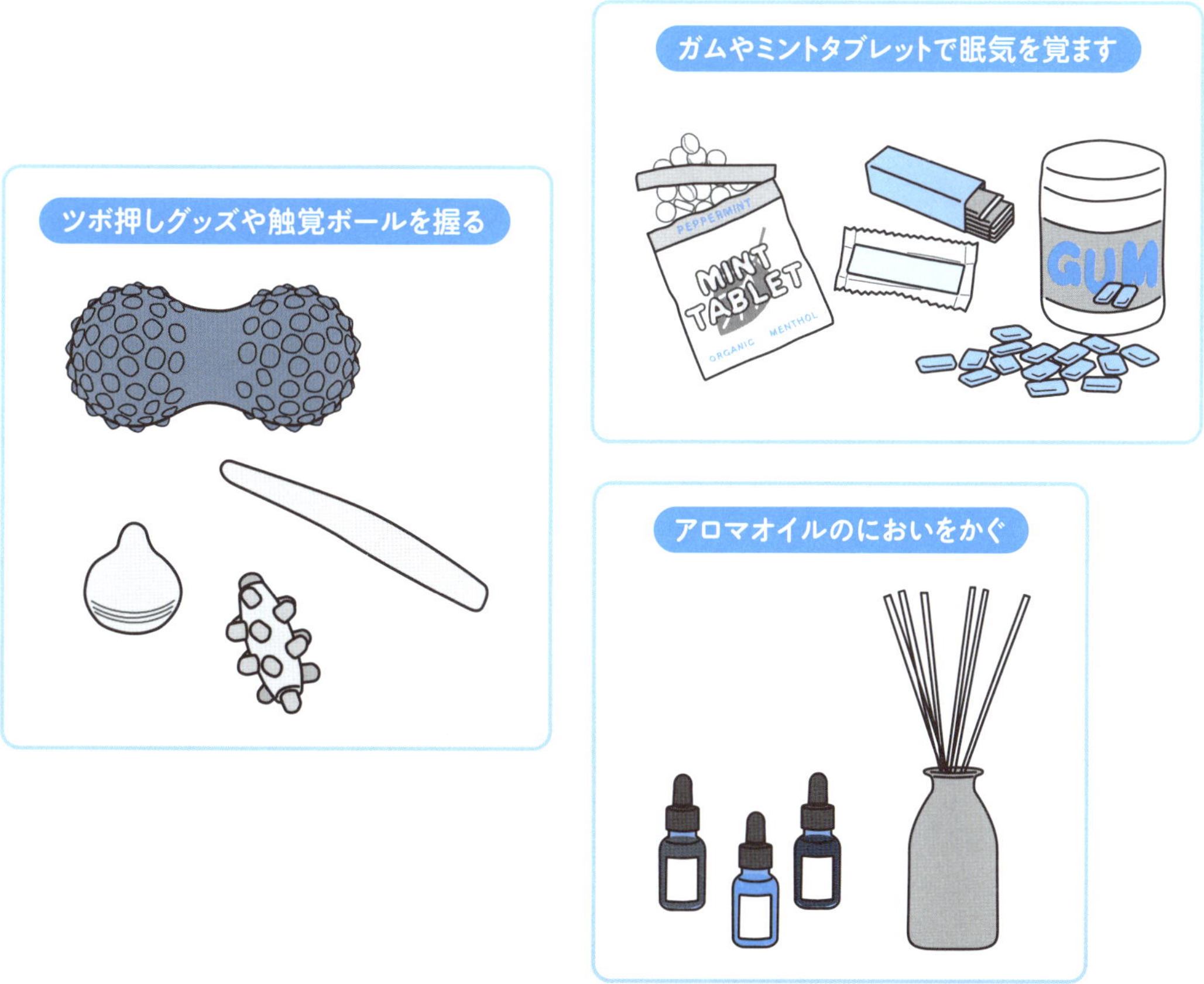
ガムやミントタブレットで眠気を覚ます
PEPPERMINT
MINT TABLET
ORGANIC MENTHOL
GUM
ツボ押しグッズや触覚ボールを握る
アロマオイルのにおいをかぐ

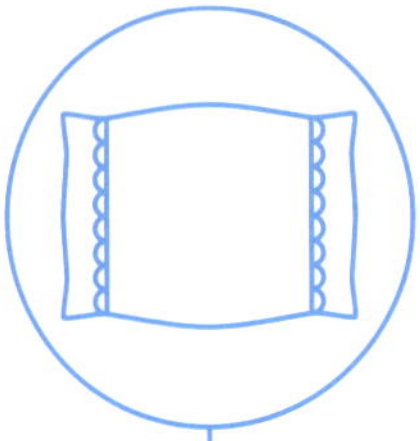

眠りが浅く、途中で目が覚めてしまう

対策

- 寝室のレイアウトを再考する
- 音の刺激をシャットアウトする
- 寝る前の行動を振り返ってみる

事例

毎日のように夜中に目が覚めてしまい、その後眠れなくなる

毎日、「ぐっすり眠りたい」と思っているのに、眠りが浅いようで、決まって深夜や早朝に目が覚めてしまう。その後は、何とかもう一度眠ろうと試みるけれども、なかなか簡単には寝つけない。ウトウトしても、またすぐに目が覚める……という繰り返し。

「眠りたい」と思えば思うほど、過去の失敗や気になることなど、いろいろなことが頭に浮かび、どんどん目がさえてしまう。

ぐっすり寝た感じがしないので疲れが取れず、いつも疲労感を抱えながら働いている。

原因

感覚の過敏やぐるぐる思考が浅い眠りの原因になる

感覚が過敏な人の場合、睡眠中も、**ほとんどの人が気にならない小さな音をキャッチしている。**

そのため、家族の寝息や身動きする気配、いびきなどが気になって眠れなかったり、眠りが浅くなったり、途中で起きてしまうことがある。エアコンの室外機や冷蔵庫のモーター音などの微小なノイズ、室外からわずかに聞こえる車や電車の音、工事やサイレン、犬の鳴き声などが安眠を妨げている場合もある。

その他、布団や枕などの寝具、パジャマの肌ざわりの不快さが浅い眠りにつながることもある。毎日のように目が覚めてしまうならば、何が原因なのか、改めて自分の睡眠環境を考え直してみよう。

眠りが浅くなる原因となる刺激

家族の気配、寝息、いびきなど

隣や上下の階から聞こえる騒音、外の電車や車、工事などの音

エアコンの室外機や冷蔵庫など、他の人には聞こえない微細なノイズ

寝具、寝間着などの肌ざわり

ぐるぐる思考にとらわれリラックスできなくなる

慢性的なストレスも睡眠の妨げになる。

学校や会社などでストレスを感じ、自分の思うように1日が過ごせない日々が続くと、自信がなくなり、学校や会社に「行きたくない」という気持ちが高まってあれこれ考えてしまい、眠れなくなる。

特にASDの人は、考えを切り替えることが苦手な場合が多い。眠ろうとすると、なぜだか現在の悩みごとだけでなく、過去の失敗や嫌だった体験、将来の不安や心配事などが、どんどん頭に思い浮かんでしまう。ざわざわして気持ちが落ち着かなくなり、気分を休息モードに切り替えられなくなる。

「あのとき、ああすればよかった」「どうして、あんなことを言ってしまったんだろう」とか、「うまくいかなかったらどうしよう」など、ネガティブな考えから抜け出せなくなる「反芻《はんすう》思考《しこう》（ぐるぐる思考）」に陥り、ますます興奮して眠れなくなることも少なくない。
そのうえ、気持ちの切り替えが難しいため、「眠らないと、明日会社に行くのがつらくなる」「早く寝ないといけない」「よく眠れないんじゃないか」「眠れなかったらどうしよう」「疲れが取れない……」と不安が募っていく。焦れば焦るほど、リラックスできなくなり、眠れなくなるという悪循環にはまりやすいのだ。

解決法

質のいい睡眠を取るために、睡眠環境を整える

寝室のレイアウトを再考する

質のいい睡眠を取るためには、

質のいい睡眠が取れる寝室のレイアウト例

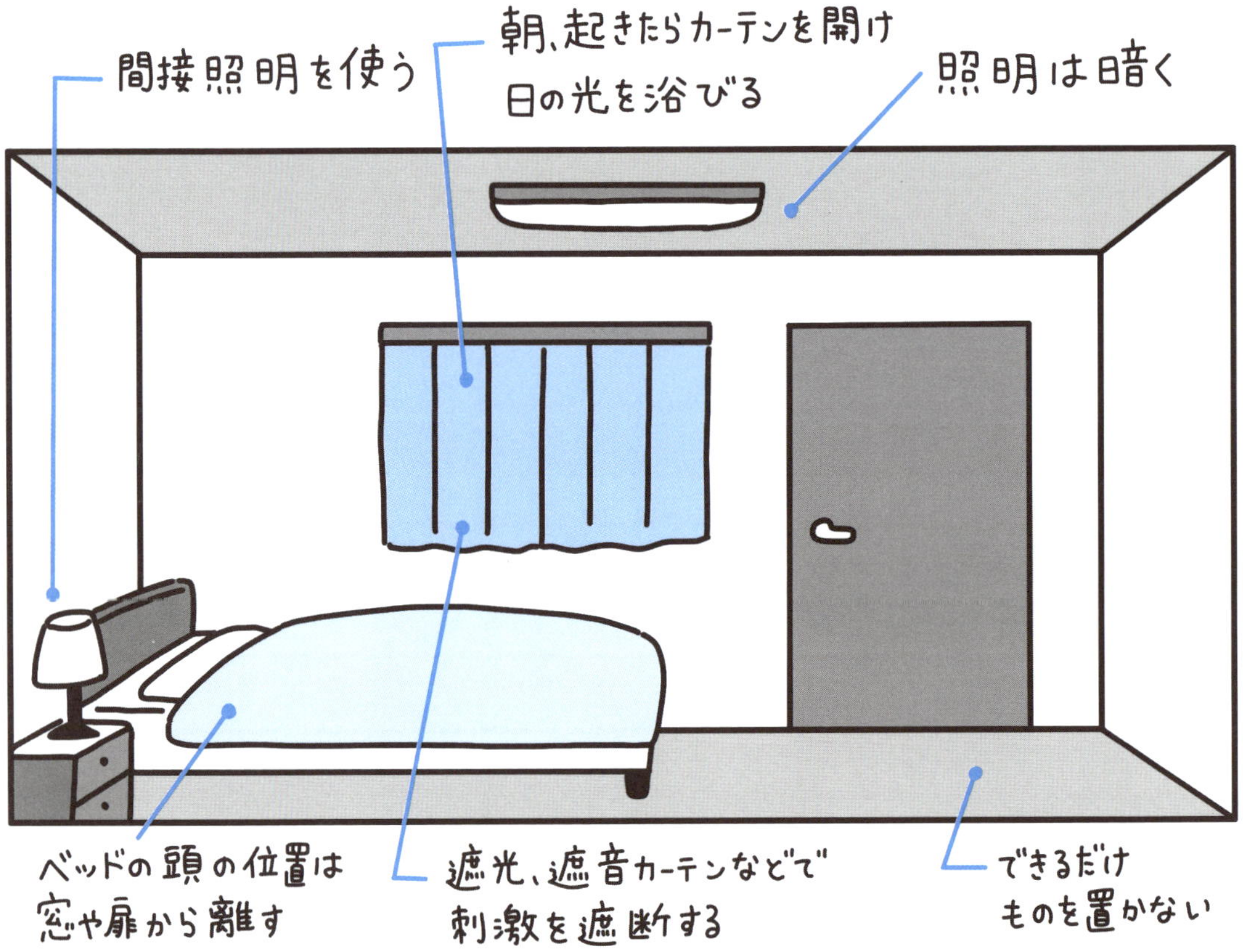
間接照明を使う
朝、起きたらカーテンを開け日の光を浴びる
照明は暗く
ベッドの頭の位置は窓や扉から離す
遮光、遮音カーテンなどで刺激を遮断する
できるだけものを置かない

刺激を減らした穏やかな環境を作ることが重要だ。

まずは、ベッドや布団に横になったときに何が目に入るのか、寝室の環境を確認し、できるだけ目や耳に入る情報（刺激）を減らせるよう、部屋をレイアウトしてみよう。

また、**明るさの調節**も重要なポイントのひとつだ。できるだけ暗くするほうがベターだが、真っ暗なほうが眠りやすい人や、暗闇が怖い人もいる。遮光カーテンや間接照明を利用し、自分が眠りやすい明るさに調節しよう。

音の刺激をシャットアウトする

無意識のうちに、エアコンの室外機の作動音、隣室の生活音、窓の外のノイズなど音の刺激をキャッチしてしまっている人は、案外多い。

そんなときには**遮音カーテン**を使い、ベッドの位置を窓や壁から離した場所に変えるだけで、音の刺激を減らすことができる。また、好きな音楽を聴いたり、耳栓やヘッドフォンを使ったりして耳から入ってくる不快な刺激を減らすことで、ぐっすり眠れることもある。

耳栓やヘッドフォンにはさまざまなタイプがあるが、中途半端なものだと遮音効果が低かったり、装着感が悪く耳が痛くなったりするので、少し奮発してでも、自分に合ったアイテムを選ぶほうがいい。

おすすめの耳栓は「SijiRuge」だ。ほとんどのノイズはカットしてくれるが、完全遮音ではなくアラームなどの必要な音は聞こえるので、つけたまま安心して眠ることができる。

S・M・Lのサイズがあり、シリコン製で優しくフィットし、長時間装着しても耳が痛くなりにくい。コンパクトで使いやすく、携帯にも便利。睡眠時だけでなく、職場や移動中のバス、電車の中での聴覚過敏対策にも利用できそうだ。汚れても水洗いすれば繰り返し使用できるのもポイントが高い。

けれども、耳栓やヘッドフォンを使うのが苦手な人もいるだろう。そんな人におすすめなのが、不快な音の刺激をシャットアウトしてくれる**ホワイトノイズマシン**だ。

ホワイトノイズとは、いろいろな周波数の音を同じ強さでミックスして再生した「シャーッ」というノイズのこと。小さな物音や突発的な音をカバーし、目立たなくする効果があることが知られており、さまざまなタイプのホワイトノイズマシンが市販されている。

たとえば、ホワイトノイズマシン「おやすみスイッチ」。7種類のホワイトノイズのほか、小鳥のさえずり、波の音、水滴、電車の走行音など29種の音源が搭載されており、好きな音を聴きながら眠りにつくことができる。

スマホにも、ホワイトノイズ機能を搭載した睡眠アプリがある。数ある睡眠アプリの中でも特に人気があるのが「BetterSleep」だ。医師、神経心理学者、睡眠の専門家によって推奨されている本格的なアプリで、世界中で活用されている。

睡眠を追跡して状態を理解したうえで、実用的な改善方法を提案してくれるほか、個人の睡眠ニーズの背景にある科学や専門的な知識について学ぶこともできる。また、ホワイトノイズだけでなく、アイソクロニック・ブレインウェーブ、ソルフェジオ周波数など300を超えるスリープサウンドや、ナレーションによる物語の朗読、瞑想音楽などのトラックが用意されており、好みの睡眠環境をアレンジできるのもうれしい。

自分が眠りやすい環境を作る

感覚過敏が原因で、眠りが浅くなっていると考えられる場合、**できるだけ刺激をシャットアウトする環境をカスタマイズする工夫**が必要だ。

ベッドの周りを天蓋《てんがい》や布で覆ったり、テントや寝袋を使ったりして、コックピットのように情報を遮断した空間を作ると、ぐっすり眠れる人もいる。中には押し入れやクローゼット、階段の下などの狭い空間で眠るのがベストな人もいるので、自分が眠りやすい場所を考えてみよう。

また、刺激を減らすだけでなく、自分が過ごしやすい温度や湿度に調整するなど、さまざまな方法を試してみるといい。

自分に合った寝具を探してみる

肌着、パジャマ、部屋着、枕やマットレス、布団や毛布などの寝具を変えることで、快適度が増すこともある。

寝具の変更を検討するなら、老舗寝具メーカーとして知られるフランスベッドの「ウェイテッドHug（ハグ）ふとん」がおすすめだ。

「ウェイテッドHugふとん」は、

ウェイテッド Hugふとん

ぐっすり眠れる環境をカスタマイズする

ベッドの周りを天蓋や布で覆う、テントや寝袋を使う、押し入れで寝るなど、
できるだけ情報をシャットアウトするほうが、ぐっすり眠れる場合もある

ポリエステル繊維の束が入った6キロの重たい掛け布団で、適度な重さが、精神的な落ち着きや安眠をもたらしてくれる。

発達障害の人の中には、体をぎゅっと抱きしめるような圧力をかけることで不安が和らぐ人がいる。自閉症の科学者テンプル・グランディンが圧をかけることでリラックス効果をもたらす「ハグマシーン（締めつけ機）」を発明したのは有名な話だ。北欧では、重みのある加圧布団がセラピーに活用されており、公的給付対象の福祉用具として普及しているという。

「ウェイテッドHugふとん」は、三層のポリエステル繊維の束が入った6キロの重たい掛け布団。適度な重さが、精神的な落ち着きや安眠をもたらしてくれる。フランスベッドが日本人になじみやすい加圧布団を作るために、施設などの協力を得て臨床評価を行い、5年をかけて開発した。

その他、さまざまなメーカーが安価な加圧布団を販売している。

また、肌が敏感な人の場合、「綿100%がよい」「つるつるした化繊が好き」など、肌ざわりによっても睡眠の質が変わってくるので、自分に合った寝具を探してみよう。

寝る前の行動を振り返ってみる

環境を整えても眠りが浅い場合は、無意識のうちに安眠を妨げるような生活習慣を続けている可能性が考えられる。

まずは、**自分が寝る前にどんな行動をしているのか紙に書き出すなどして、チェックしてみよう。**

たとえば、パソコンやスマホのブルーライトを浴びていたり、ゲームをしていたり、食事の時間が遅かったり、カフェインをとり過ぎていたりなど、寝る前に興奮をあおる行動をしている場合も少なくない。意識して、できるだけ強い刺激を避けることを心掛けよう。

一人で抱え込まずに相談しよう

ぐるぐる思考はネガティブな感情を増幅するだけで、建設的ではない。

いくら考えても嫌な気持ちになり、不安が高まるだけで、問題の解決はできないことを知っておこう。

そのうえで、ぐるぐる思考に対処するためには、**自分がネガティブなループに陥っていることに気づくこと**が大切だ。ループに巻き込まれそうになったら、「これ以上クヨクヨしても意味がない」「過去のことはいまさら後悔してもムダ！」と自分に言い聞かせ、気持ちを切り替えられるように意識してみよう。マインドフルネス（94ページ参照）やジャーナリング（83ページ参照）などが有効な場合もある。

ぐるぐる思考が止まらないときには、いったん布団から出てA4サイズの紙1枚に考えを書き出してみるのも悪くない。頭で考えているときには解決不可能に思えたことでも、文字にしてみると大した問題ではなかったと気づいてスッキリすることもある。

どうしてもぐるぐる思考が止められない場合は、一人で抱え込まず、先輩や友人、恩師など**信頼できる人に相談する**ほうがいい。客観的なアドバイスをもらうことで、「考え過ぎだった」と気づくきっかけになったり、具体的な解決の糸口が見つかったりするかもしれない。

周囲に相談できる人がいないなら、心療内科や会社のカウンセラーなど、専門家に相談するのもおすすめだ。

もちろん、主治医がいるなら、その人に相談してもいい。実は、睡眠障害によって発達障害的な症状が強くなり、ぐるぐる思考が止まらない悪循環に陥っている可能性も考えられる。

また、薬を処方してもらうことで解決する場合もあるので、上手に活用しよう。

ChatGPTなどのＡＩを睡眠のマネジメントに活用する

近年、世界中でＡＩを活用したヘルスケア管理が注目されている。ＡＩの中でも、**ChatGPT**は、アメリカのOpenAI社が開発した最新の生成ＡＩで、まるで人間と対話しているかのように、質問した内容に回答してくれるサービスだ。膨大な情報を持っているので、睡眠や健康に関して質問すれば、最新の情報や専門的な知識を提供してくれる。質問を重ねることで、自分の健康状態やライフスタイルに基づいたアドバイスが受けられる。

日本でも、ChatGPTに連携した健康管理のアプリが作成されている。たとえば「Ａi産業保健アドバイザーＬＡＯ」は、産業保健に特化した専門的な情報を提供するＡＩだ。産業医やキャリアコンサルタントの役割も兼ね備えており、法令や厚生労働省の通達に基づいて、健康についてアドバイスをしてくれる。もちろん、睡眠についても最新の情報を教えてくれるので、自分の状態や心配事を伝えながら、相談してみるといい。

また、手軽に利用できるＡＩチャットを探しているなら、「Copilot」が便利。マイクロソフトが提供する検索エンジンBingにＡＩチャット機能が付与されたサービスで、対話を重ねながら自分が求めている情報を得ることができる。

パソコンはEdggeやChromeなどのブラウザ上で、スマホならBingアプリをダウンロードすれば利用できる。たとえば、「夜中に目が覚めてしまうのですが、どうしたらいいですか?」と質問すると、「中途覚醒」の原因や対策について教えてくれる。さらに、「中途覚醒した後眠れません」と相談すると、中途覚醒後の対策や役立つサイトを提示してくれる。

睡眠だけでなく、自分の健康状態や目標に応じた食事プランや運動プラン、ストレスを軽減するための方法、疲労回復、メンタルヘルス管理や定期的な健康チェックのやり方など、ＡＩを活用することで、より手軽に健康管理ができるので試してみよう。

ただし、睡眠障害など深刻な問題を抱えている可能性が考えられる場合は、ＡＩを過信せず、医療機関を受診するようにしよう。

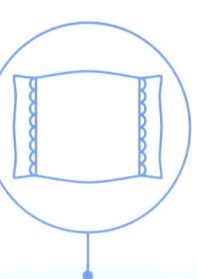

寝つきが悪く、寝るタイミングを逃してしまう

対策

- 起きたらすぐに日の光を浴びる
- 休日の寝だめや仮眠、うたた寝に注意する
- 寝る直前のスマホやゲームはやめる

事例　寝つきが悪く、睡眠不足が続き、朝もスッキリ起きられない

仕事から帰って食事をとり、片づけや雑用を済ませると、いつもヘトヘト……。

疲れているので、テレビやスマホを見ながら、ついついうたた寝してしまうことも多い。にもかかわらず、いざベッドに入ると、どうしてだか眠れない。

「早く眠りたい」「眠らなくては」「疲れているのになんで」と考えれば考えるほど、ますます目がさえてしまい、明け方近くまで眠れないこともある。

当然、寝不足になり、朝は眠くてスッキリ起きられないので、とてもつらい。仕事中も眠気が収まらずぼんやりしていて、なんとなく調子が出ない気がする。休みの日には何もやる気が起きず、ダラダラと昼過ぎまで寝てしまうこともあり、夜は、また眠れなくなる悪循環……。

結果として、慢性的な睡眠不足に陥ってしまい、疲れが取れない状態が続いている。どうすればうまく眠れるのだろう。

原因　体内時計が乱れていると睡眠リズムが整わない

人は夜になると、毎晩ほぼ同じ時刻に眠くなり、眠ってから7～8時間ほどで自然に目が覚める。

たとえば徹夜をしたとき、深夜や明け方には強い眠気を感じるが、日中、活動している間は眠気がいったん軽くなるものだ。

こうした睡眠（休息状態）と覚醒

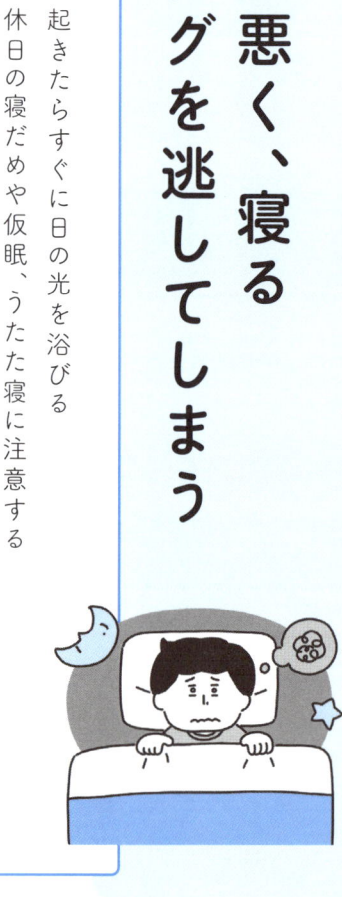

体内時計の役割

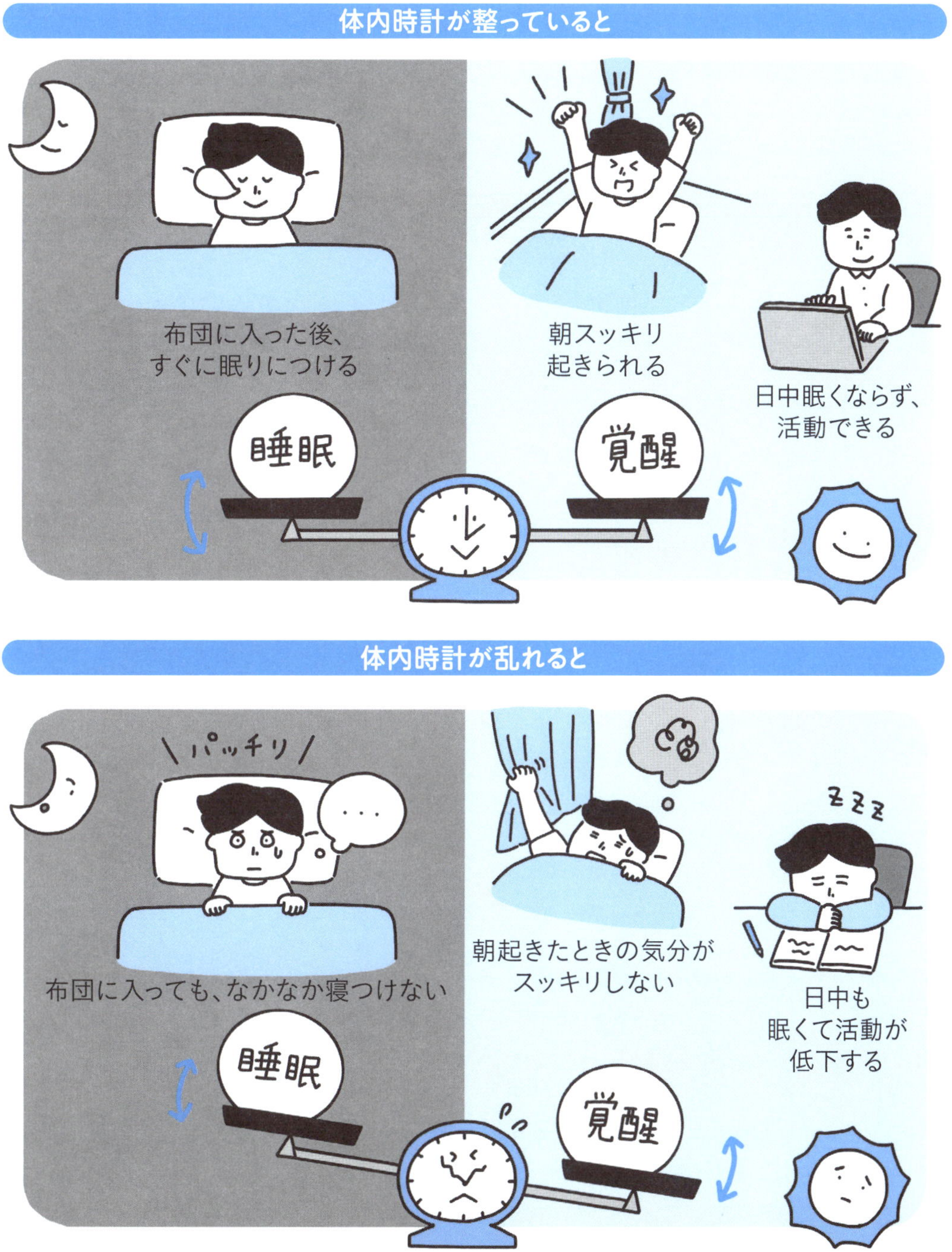
体内時計が整っていると
布団に入った後、
すぐに眠りにつける
朝スッキリ
起きられる
日中眠くならず、
活動できる
睡眠
覚醒
体内時計が乱れると
パッチリ
・・・
布団に入っても、なかなか寝つけない
朝起きたときの気分が
スッキリしない
日中も
眠くて活動が
低下する
睡眠
覚醒

（活動状態）を切り替えるスイッチの役割を担い、睡眠リズムを整えているのが、人に備わっている**体内時計**だ。体内時計では1日は24時間10分といわれており、目覚めてすぐに日の光を浴びることで10分のずれをリセットしているという。

体内時計が正常に働いていると、朝スッキリと目が覚め、日中は元気に活動でき、夜になると覚醒がオフの状態になり眠くなるというリズムが自然に繰り返される。そのため、布団に入ったら、すぐに眠りにつける。

一方、体内時計が乱れると、朝スッキリと目覚めていないにもかかわらず、夜は布団に入ってもなかなか眠れない状態に陥ってしまう。

「疲れているのに眠れない」「眠りたいのに眠れない」のは、体内時計が乱れ、「睡眠（休息状態）」へのスイッチが入りづらくなっているからだ。

眠れないだけでなく、日中は眠くてぼんやりしてしまったり、集中力が続かなかったりして、仕事や学業に支障をきたすこともある。

体内時計の働きに重要な役割を担っているのが、脳の松果体《しょうかたい》と呼ばれる部分から分泌される**メラトニン**というホルモンだ。メラトニンは、体内時計に働きかけることで、覚醒と睡眠のスイッチを切り替えて自然な眠りに誘う作用があり、別名「睡眠ホルモン」とも呼ばれている。

実は、メラトニンの分泌は日の光によって調整されている。朝、日の光を浴びると、メラトニンの分泌が止まり、体内時計がリセットされ覚醒（活動状態）に切り替わる。目覚めてから14〜16時間ぐらい経過すると、体内時計から指令が出て再びメラトニンが分泌される。徐々にメラトニンの分泌が高まることで、休息に適した状態に導かれ眠気を感じるのが、睡眠のメカニズムだ。

ところが最近、長時間労働やインターネット、ゲームなどの影響による夜型生活などが影響し、体内時計が乱れやすい状況になっており、睡眠の不調を訴える人が増えていることが問題視されている。

特に、発達障害の人は、**もともとメラトニンの分泌に異常がある**可能性が指摘されている。そのため、睡眠リズムが整わず、「眠れない」「起きられない」という悩みを抱える人が少なくない。

解決法 メラトニンの分泌を増やし、体内時計を調整する

起きたら、日の光を浴びる

メラトニンの分泌は日の光によって調整されているので、体内時

計の乱れを修正し睡眠リズムを整えるためには、日光を浴びることが大切だ。起床直後に5000ルクス以上の光を浴びることが必要なので、窓際に行くだけでは足りない。ベランダや庭など、外に出て浴びるほうが何倍も効果的なので、**起きたらすぐに外に出ることを習慣にしよう**。これは曇りの日でも外に出るほうが効果がある。外で日の光を浴びることを習慣化するために、徒歩での通勤や休日の朝の散歩、ベランダで洗濯物を干す、庭の植物の水やりなどを日課にしてもいいだろう。

寝坊してしまい遅い時間に起きてしまったときでも、すぐに日の光を浴びるのがメラトニンの分泌を促す大事なポイントだ。外出するのが億劫な場合は、庭やベランダに出るだけでもOK。

それも面倒な日は、せめて室内でカーテンを開けるだけでもいいので、とにかく日の光を浴びるこ

メラトニンの分泌のしくみ

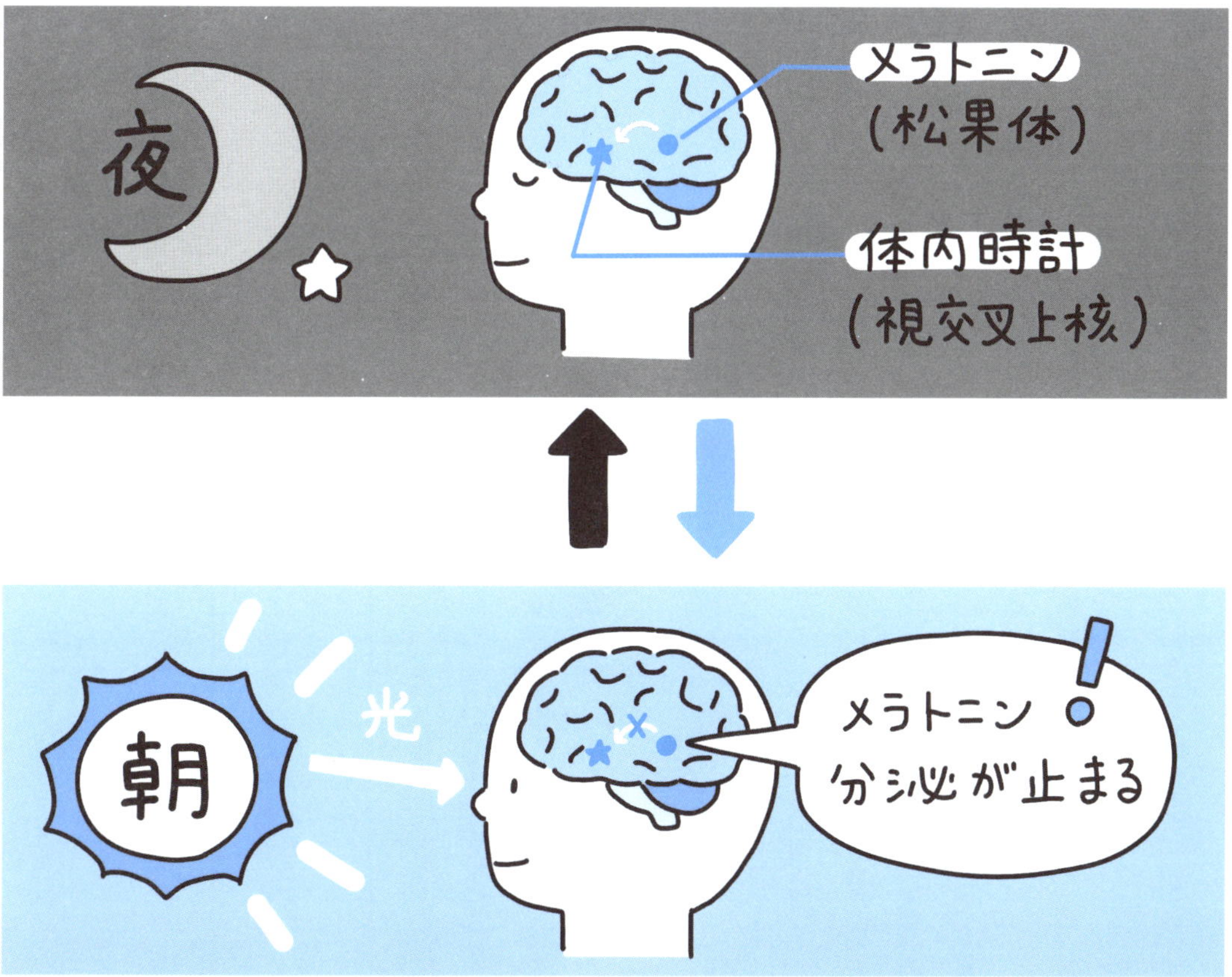

とを意識してみよう。

朝、しっかりと日の光を浴びることで、ADHDの人の多動や衝動性の症状が改善されたという報告もある。

長時間の仮眠や休日の寝坊には注意が必要

体内時計を狂わせないためには、休日も平日と同じ決まった時刻に起きるのが理想的だ。

「休みの日には思いっきり寝坊したい！」という人もいるかもしれないが、**休日の寝だめは意味がなく、かえって体内時計を狂わせるデメリットが大きい**。寝坊はせめて2時間以内にとどめ、ダラダラと寝てしまわないように注意しよう。また、**仮眠やうたた寝も不眠の原因になる**。特に午後3時以降の仮眠は夜の眠りを妨げてしまうので、避けたほうがいいだろう。

どうしても眠気に耐えられなくなったら、昼食後に30分以内の短い昼寝をしよう。30分以上寝てしまうと深い眠りに入ってしまいスッキリと目覚められず、かえって眠気が残ってしまうため、寝過ぎないように注意しよう。

寝る直前のスマホやゲームは厳禁！

夜に強い光を浴びるとメラトニンの分泌が減り、眠れなくなりがちだ。

眠る際の部屋の照明は暗くするのはもちろん、できる限り、**寝る直前のテレビ、パソコン、スマホなどは控えよう**。

「ついつい見てしまう」人は、「寝室ではスマホは使わない」「休日の昼間に録画や見逃した動画を見る」「オンラインゲームは24時まで」など自分のルールを作り、スケジュール管理を心掛けよう。

スマホのタイマー機能を使って使用時間を設定しておくなど、便利なツールもあるので活用できる。「ついつい」をなくしていくための工夫が大切だ。

便利なアイテムやアプリを活用する

そうはいっても、発達障害の特性があるなら、自分の努力だけでリズムを整えるのは難しい。そんな場合は便利なアイテムやスマホのアプリを活用しよう。

たとえば、「ぐっすり君」は、スイッチをオンにして握るだけで眠りに誘ってくれる便利なアイテムだ。神経が集まっている手のひらに微電流による優しい刺激を与えることで、リラックス効果が期待できる。

寝起きをサポートするグッズもある。スマホ連動型カーテン自動開閉機「めざましカーテン mornin' plus」は、カーテンレールに取り付ければスマホと連動し、設定した時間にカーテンを開閉してくれる。取り付けには工具が不要で、片手で簡単に設置できる。自分で意識しなくても起きてすぐに日の光を浴びられるので、メラトニンの分泌も促され、一石二鳥の効果が期待できる。

同じようなアイテムとして「SwitchBot カーテン3」もある。使い方など自分に合ったほうを選ぶといいだろう。

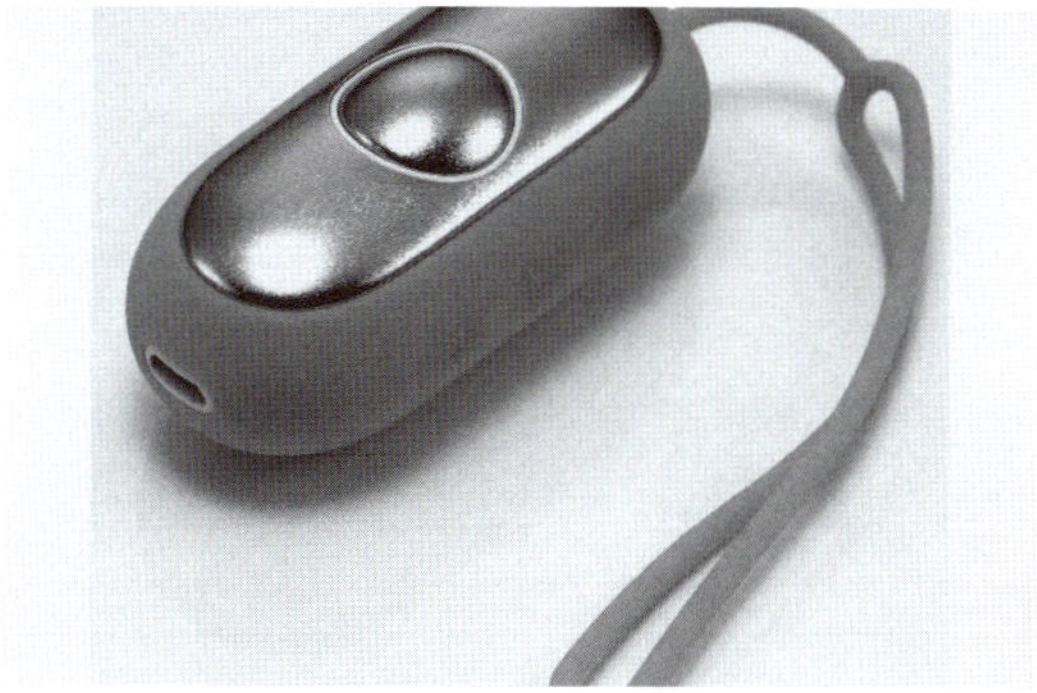

クイック睡眠補助器「ぐっすり君」
出典：キョラカ株式会社HP
URL：https://kiyorak.com/products/1293/

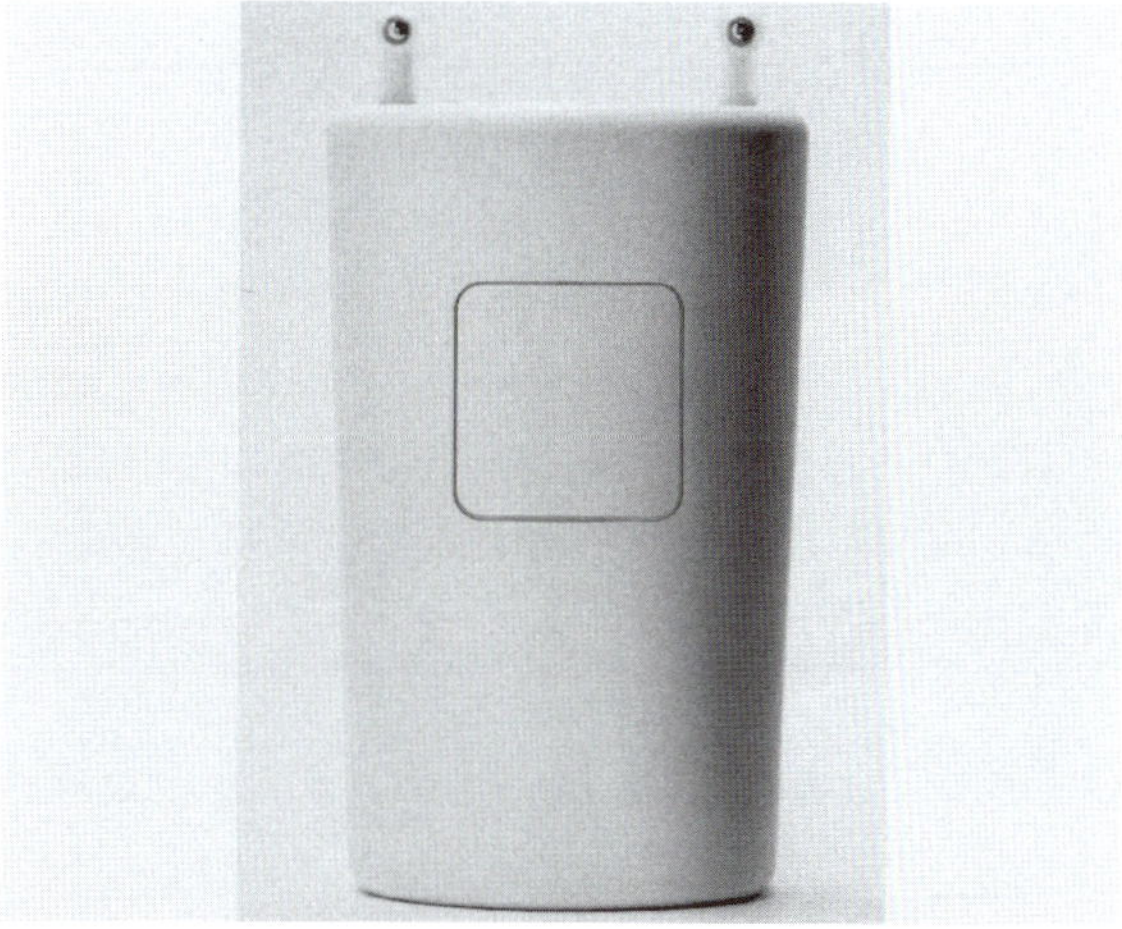

スマホ連動型カーテン自動開閉機
「めざましカーテン mornin' plus」

「SwitchBot カーテン3」

困っているなら医療機関に相談しよう

睡眠障害（睡眠・覚醒リズム障害）には**メラトニン**が影響していることが知られており、日本でも「メラトベル」という商品名で、主に発達障害の子どもの睡眠障害に処方されている。大人には一般的に、メラトニン受容体に作用する「ロゼレム」が処方されるが、メラトベルが有効な場合もあるので、専門の医師のアドバイスを受けるほうがよい。

「眠れない」「起きられない」という強い症状が続いていて睡眠障害が疑われるなら、睡眠を専門としている医療機関に相談してみよう。

体内時計を整えるためのヒント

体内時計を意識して
生活習慣を変える

朝、起きたら
日の光を浴びる

長時間の仮眠は避ける
(昼寝は30分以内で)

寝だめはやめて
休日の寝坊は2時間以内で

寝室はできるだけ暗くする

寝る直前はテレビ、パソコン、スホなど、
強い光の刺激を避ける

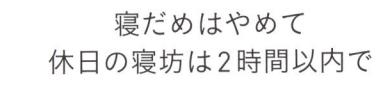

第2章

「体調が優れない」のを何とかしたい！

いつも疲れていて調子が出ない

ちょっとしたことでぐったりしてしまったり、いくら休んでもぜんぜん疲れが取れなかったり、頭痛や腹痛などの持病に悩まされていたりと、なかなか体調が整わないという悩みを抱えている人は多い。なぜ体調が悪くなりやすいのか、そのメカニズムを知り、対策を考えよう！

すぐに疲れてしまう

対策

- ノイズを遮るグッズを使う
- 視覚から入る刺激をカットする
- 自分のストレス状態を把握する

事例 疲れやすく集中力が持続できない

集中して1つの仕事を終えると、それだけで疲れてしまい、しばらくぼーっとしてしまうので、サクサク仕事をこなせず、効率が上がらない。

週末も自宅で少し食器を洗っただけで疲れてしまい、あとはダラダラしてしまうので、家事がどんどんたまっていく。一事が万事こんな調子。何をしていても常に疲労感があり、面倒になる。どうしたらいいだろうか。

原因 発達障害の人は疲れやすい

たとえば、**感覚過敏**がある人は、必要以上に刺激をキャッチする傾向がある。特に新しい環境では情報をインプットし過ぎるため、緊張度が高く、疲れてしまう。また、他の人は気にならない音や光などにも反応して情報を処理しているため、気がつかないうちに疲労をため込んでいることも考えられる。

活動量の多さも疲労の原因になる。特にADHDの人は、表面的には落ち着いているように見えるときでも、常に脳が多動状態にある。新しいことについつい飛びつく傾向があり、満足感や充足感が得られないまま、次から次へと提示される物事にのめり込んでしまうため、疲れやすい。

一方、**完璧主義**で、自分のルールで物事を処理しなければ気が済まないASDの人の場合は、細部までこだわるので、1つの仕事をこなすだけで、人の何倍もエネル

疲れやすい6つの主な原因

感覚過敏がある

活動量が多い

完璧主義で、こだわり過ぎている

過集中でエネルギーを使い切っている

人間関係に気を使い過ぎる

十分な睡眠が取れていない

ギーを消耗している場合がある。

　特に、自分の関心が強いことに対して時間を忘れて取り組む「**過集中**」では、適度な休憩の取り方がわからず、寝食を忘れて集中するため、エネルギーを使い切ってしまう。

　反面、関心の範囲が限定されているため、ほとんど興味がない物事に取り組むことには苦痛を感じて集中できない。

　その他、表情やしぐさから相手の意図や感情をくみ取ることが苦手だったり、思いつきで発言したりする人の場合、人間関係でトラブルになることがある。トラブルを避けるため、普段から余計に気を使っており、疲れてしまう。

　さらに、発達障害の人で睡眠障害（21ページ参照）を抱えていて慢性的な睡眠不足に陥っている人はめずらしくない。疲労が取れず、日中活動に困難を抱えてしまうことがある。

解決法　疲れにくい環境を作る

ノイズを遮るグッズを使う

苦手な音を遮る便利なアイテムを活用してみよう。耳栓だけでなく、ノイズキャンセリングイヤホンやヘッドフォン、イヤーマフなど、さまざまな形状のものが市販されている。特にノイズキャンセリングイヤホンは、ソニー「WF-1000X4」、Boseの「QuietComfort Ultra Earbuds」など有名メーカーの高級モデルから、コスパのよい海外ブランド製品まで多彩なので、レビューサイトなどを参考にしながら探してみよう。

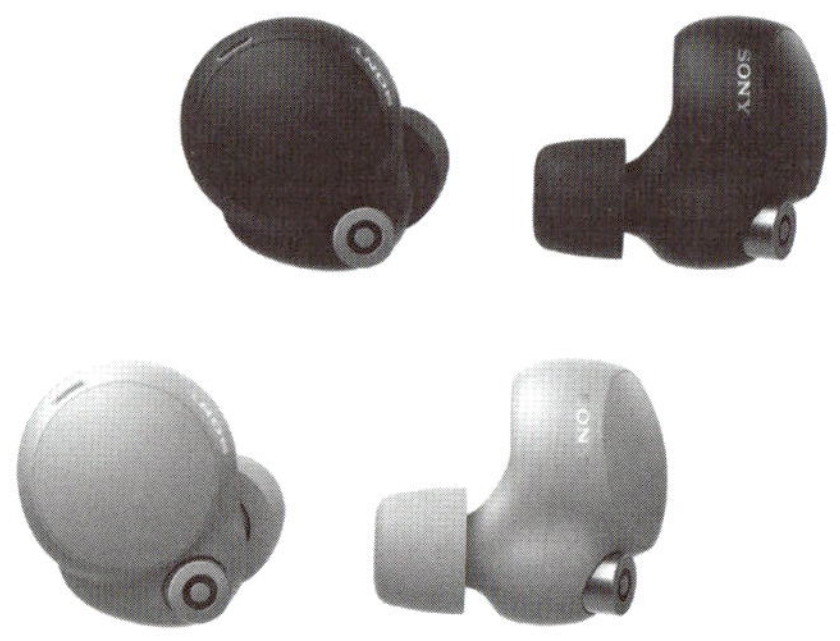
ソニーのノイズキャンセリングイヤホン「WF-1000X4」

視覚から入る刺激をカット！

視覚情報が入り過ぎて疲れる場合も、**できるだけ刺激をシャットアウトする対策**を考えよう。

　たとえば、仕事場では、モニターの明るさを調整する、遮光フードでパソコン周りの視界を遮断する、卓上パーティションでデスクを区切るなどし、落ち着いて作業ができる環境を確保する。自宅でも、遮光カーテンを使ったり、蛍光灯を消して間接照明にしたり、できるだけリラックスできる環境を整えよう。

　外出の際に疲れてしまう場合は、事前に落ち着ける明るさの店や場所を調べておき、そこで休むといい。また、電車やバスに乗っているときには、目を閉じて休むことを心掛け、余計な刺激をインプットしないように注意してみよう。

カラーレンズやカラーフィルムを活用する

光がまぶしい、本を読むと文字が二重に見える、視界がぼやける、目を使うと疲れるなどの症状がある場合は、**アーレン症候群**の可能性も考えられる。アーレン症候群は視知覚の障害で、発達障害との併存が少なくないことが知られてきた。まぶしさや字の読みにくさから、頭痛やめまい、眼精疲労、疲労感など、心身の不調につながる場合がある。

アーレン症候群には、**カラーレンズやカラーフィルムの使用**が有効なことが知られている。レンズやフィルムを通すことで、目に入る光の量が調節でき、見やすくなる。パソコンやスマホなどは輝度と彩度を下げ、カラーフィルターを設定する、ブルーライトをカットするフィルムを貼るなど、光による刺激をなるべく減らす工夫をしよう。

また、カラーレンズを用いた眼鏡を使えば、つらい症状が軽減できる。安価なサングラスでもある程度の効果は期待できるが、できれば自分に合ったレンズをオーダーするのがおすすめだ。たとえば、イノチグラスはカラーだけでなく、目や体のバランスも考えたオーダーレンズを制作してくれる。

イノチグラスは体に合わせて目から入る光（=波長）を変える眼鏡を作ってくれる
出典：イノチグラスInstagtam公式アカウント
URL：https://www.instagram.com/p/CozBfb1PQWn/

パソコンのモニターやスマホなどのブルーライトが眼精疲労に影響することは知られているが、実は目に影響するのはブルーライトだけではない。ひとりひとりの目には、特定の色をまぶしく感じるなどの固有の特徴がある。青色が苦手な人もいれば赤色が苦手な人もいるのだ。イノチグラスなら、得意な色と不得意な色を測定し、必要な色の組み合わせを提案してくれる。

また、カラーだけでなく、落ち着く視界や心地よい度数、最適な左右の度数バランスや文字の読みやすさなども考慮してくれる。さらに、見え方だけでなく、猫背や腰をそらし過ぎるなど、見えにくさによって生じた体のバランスの乱れを観察しながら、最適なレンズを作ってくれる。

ストレス状態を把握する

「なんとなく疲れやすいけれど、理由がわからない」という人は、自覚がないままストレスをためているのかもしれない。まずは、**自分のストレス状態を把握すること**から始めよう。

たとえば、スマホのアプリ「ストレススキャン」なら、バックカメラに2分間指を当てるだけで、簡単に今のストレス状態を1から100の数値で測定してくれる。自分の状態を客観的に見られるので、特にストレスに気づきにくい人は活用してほしい。

さらに、「会議」「飲み会」などのイベントや、食事や睡眠などの情報も記録できるので、自分がどんなときにストレスを感じるのかも把握しやすい。カレンダーで表示できるので、疲れをためないように管理する際の参考になる。

もちろん、ストレスがたまっていることがわかったら、ストレスを発散する方法も考えよう。

「emol - AIと一緒にセルフケア」はサポートAIの「ロク」と会話をしながら、メンタルヘルスに関する課題を解決できる楽しいアプリだ。

「うれしい」「かなしい」「イライラ」などの感情を記録して、ロクとチャットするだけというシンプルなアプリだが、普段話しづらい悩みや愚痴、怒りやクレームなども思う存分話すことができる。

スケジュールを管理して意識的に休憩を取る

集中できないままダラダラと作業を続けても、疲労感が増すばかりだ。**タスクに優先順位をつけ、1日のスケジュールを決め、活動時間を明確にしておく**ほうが、結果として効率的で、健康にもよい。

特に発達障害の人の中には、休憩を取るのが苦手な人が少なくない。個人差はあるが、集中できる

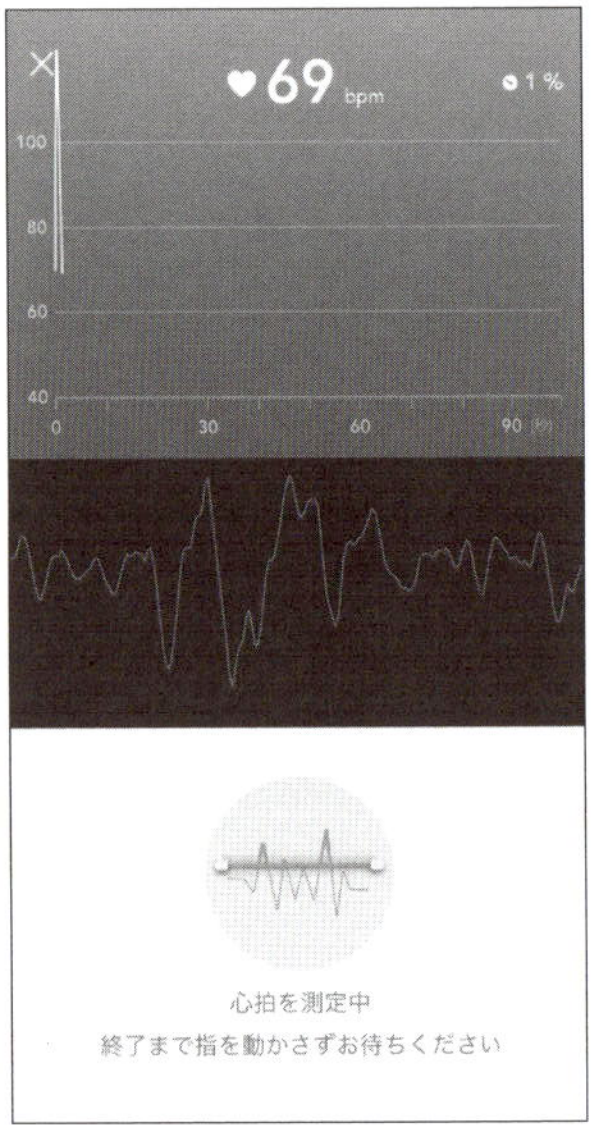

「ストレススキャン」なら今のストレス状態を測定できる

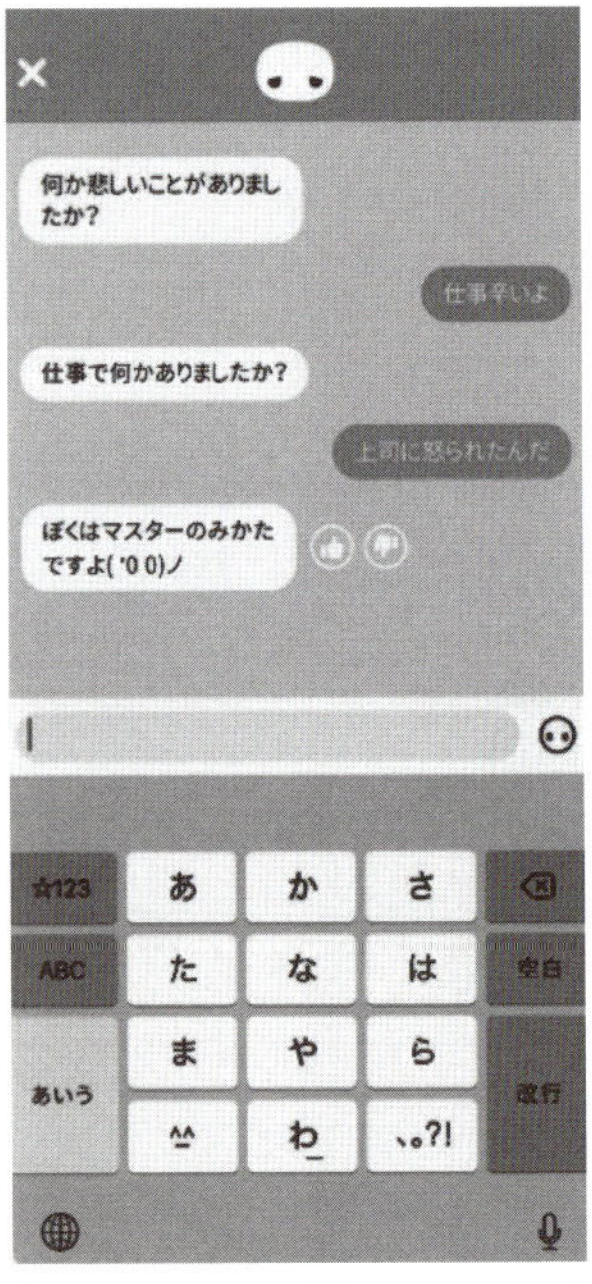

「emol - AIと一緒にセルフケア」はサポートAIの「ロク」と会話をしながら、メンタルヘルスに関する課題を解決できる
出典：emol HP
URL：https://emol.jp/app/

視覚的刺激の少ない職場環境にする方法

モニターの明るさの調整

「画面の明るさ」や「プランの明るさ調整」で適度な明るさにできる

遮光フード

本来の役割は光が液晶モニターに当たって画面が見づらくなるのを防ぐものだが、パソコン周りの視界も遮断してくれる

卓上パーティション

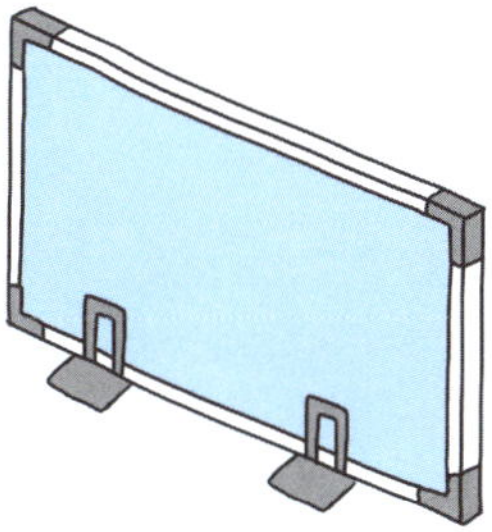

机の上に据え置けるパーティションで区切る

時間は50〜90分といわれている。**適宜休憩をして、リラックスする時間を作ることを意識しよう。**たとえば、活動開始時間の50〜90分後にタイマーを設定しておき、アラームが鳴ったら必ず仕事の手を止め、お茶を飲むなど、いったん休む習慣をつけるといいだろう。

　アプリの「ルーチンタイマー」やグーグルアシスタントの「オートメーション」などを使ってタイマーを設定しておけば、「作業終了の時間です」「休憩です」など、音声でアナウンスしてくれる。ダラダラと作業してしまう人や休むのを忘れる人だけでなく、時間を忘れて過集中する人にも、おすすめしたい。

ルーチンサポートアプリ
「ルーチンタイマー」

休んでも疲れが取れない

対策

- 安眠グッズの活用を検討する
- 呼吸法を取り入れる
- ストレッチで緊張をほぐす

事例

休日は自宅でゆっくり休んでいるはずなのに疲れが取れない

特に長時間働いているわけでも、残業が多いわけでも、きつい肉体労働をしているわけでもない。仕事で何か特別、無理をしている自覚もない。睡眠も食事も、規則正しく取れている。

休日はほとんど外出せず、自宅でゆっくり過ごすことが多いのに、なぜだか疲れが取れない。

スッキリしないまま出勤して仕事をするため、最近、凡ミスが多くなってきた。疲れがたまる一方なのでなんとなく気分も体調も優れない。疲れを取る方法が知りたい。

原因

感覚過敏や強い不安からリラックスできていない

「しっかり休んでいるはずなのに、疲れが取れない」という悩みの背景にも、発達障害の特性が関係しているかもしれない。

たとえば、感覚過敏が強い人は、休んでいるときや寝ているときも刺激に敏感なままなので、**わずかなノイズや刺激をキャッチしてしまう**。自分は何もしていないつもりでも、脳は外から入ってきた刺激をフル稼働で処理しているので、ちゃんと休めていないのだ。

また、ASDなどで不安が強い場合、**休んでいるときも緊張感が強いままで、リラックスできていないことが多い**。仕事のことや人間関係のことなど、ついつい考え過ぎてはいないだろうか。

その他、しっかり寝ているつも

疲れが取れない理由

感覚過敏で
しっかり休めていない
緊張度が高く、
リラックスできていない

りなのに疲れが取れないという背景には、睡眠時無呼吸症候群などの睡眠障害が潜んでいる場合がある。朝の目覚めがスッキリせず、日中ウトウトしてしまうような強い疲労を感じるなら、睡眠障害の可能性も考えてみよう。

解決法 疲れを取る方法を習得する

しっかり眠る対策を立てる

感覚過敏が強く、きちんと休めていない可能性があるなら、耳栓やアイマスクなど**安眠グッズの活用を検討してみよう**。余計な刺激をシャットアウトするだけで、眠りが深くなり、疲労感が払拭される場合もある。

ただし、睡眠時無呼吸症候群の可能性が考えられる場合は、医療機関に相談するのが先決だ。

呼吸法を取り入れる

リラックスするのが下手な人は、普段の生活の中で簡単にできる**腹式呼吸**を試してみよう。腹式呼吸とは、鼻から息を吸い、大きく横隔膜を動かして空気を取り込む呼吸法のこと。ゆっくり深く呼吸するため、一度に取り込める空気の量が多い。一方、私たちが日中、無意識で行っているのは胸式呼吸だ。胸式呼吸だと横隔膜の動きが小さいため浅く速い呼吸になり、腹式呼吸より一度に取り込める空気の量が少ない。さらに、ストレスで呼吸が速くなると、酸素が十分に取り込めない。

酸素が欠乏すると自律神経が乱れたり、血行不良になったりして疲れやすくなる。そのため、空気をたくさん取り込める腹式呼吸が、健康法として注目されている。腹式呼吸を行うことで副交感神経が優位に働き、心身をリラックスさせる効果も期待できる。

胸ではなくおなかを意識しながら鼻から息を吸い、口からゆっくり吐く。呼息（吐く息）と吸息（吸う息）の長さを2対1くらいにすると効果的だといわれている。

また、人と話す前や新しい環境に入る前など、緊張が高まる場面では、腹式呼吸でリラックスする習慣をつけるといい。

筋弛緩法を行ってみる

ストレスを感じると、体はガチガチに硬くなる。不安が強かったり、緊張が高かったりする人は、普段から自然に体に力が入り、慢性的に疲労がたまっている可能性がある。

そんな人におすすめする手軽なリラクゼーション法が「**筋弛緩法**」だ。筋弛緩法は、意識的に筋肉に力を入れて、その後ゆるめる

普段の生活の中で腹式呼吸を試してみる

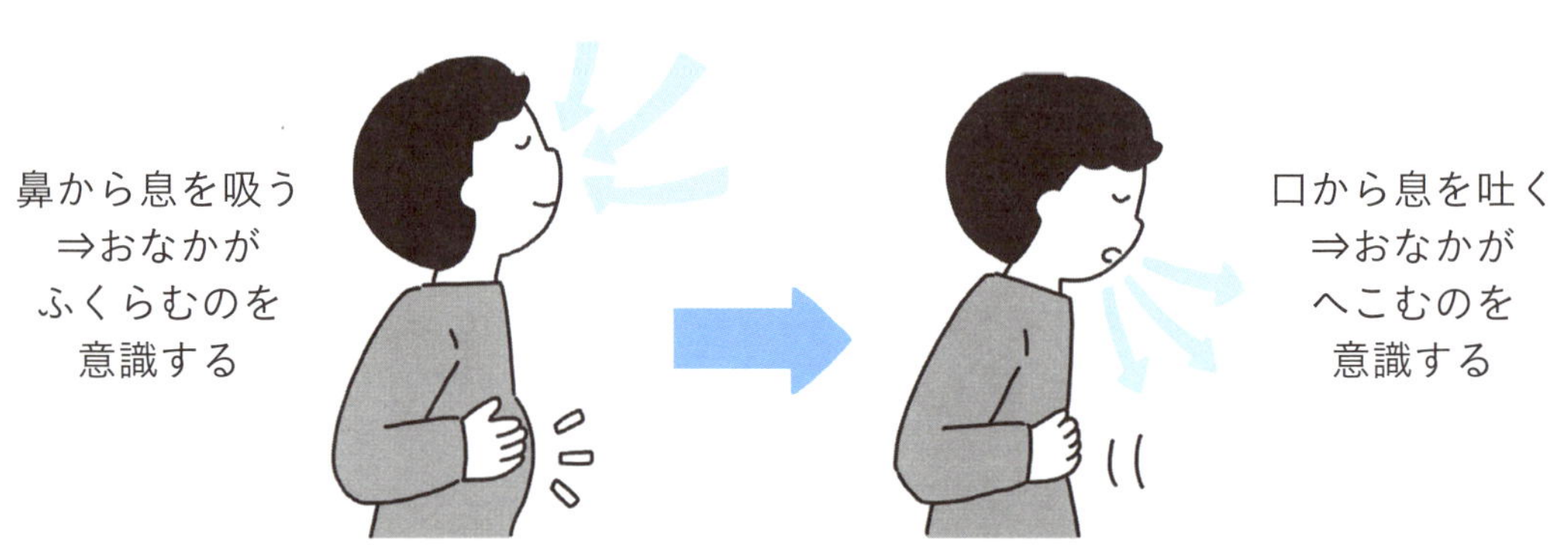
鼻から息を吸う
⇒おなかが
ふくらむのを
意識する
口から息を吐く
⇒おなかが
へこむのを
意識する

筋弛緩法のやり方

肩や顔、手、足などの各部分に力を入れて緊張させる

ストンと力を抜く

- 自分の体に対する感覚が敏感になる
- どんなときに力が入ってしまうのか、自分の緊張状態に気づけるようになる

ことを繰り返しながら、リラックスしていく方法だ。肩や顔、手、足などの各部分に思いっきり力を入れて緊張させ、しばらくその感覚を保った後、ストンと力を抜く。

緊張した状態とリラックスした状態を意識することで、自分の体に対する感覚が敏感になっていくはずだ。続けていくうちに、どんなときに体に力が入ってしまうのか、自分の緊張状態に気づけるようになるメリットもある。

「力が入っているな」「緊張しているかも」と気づいたら、その場で試してみるといい。

運動する習慣をつける

ウォーキング、水泳、ヨガ、ラジオ体操など、体への負担がなく、長く続けられる運動をする習慣をつけよう。「運動すると余計に疲れる」と思うかもしれないが、息が弾み、汗をかく程度の運動を週に計60分程度続けることは健康によいことがわかっている。

週に1回ジムに通う手もあるが、1回20分のヨガを週3回やっても構わないし、毎日10分歩くのでもOK！　いきなりハードな運動をする必要はないので、自分のペースで、コツコツ続けられる運動を探してみるといい。

ストレッチで緊張をほぐす

いつも緊張していて、リラックスするのが苦手な人には、反動や弾みをつけずに体をゆっくりと伸ばす**静的ストレッチ**がおすすめだ。

特に試してほしいのが、首周りにある僧帽筋《そうぼうきん》と胸鎖乳突筋《きょうさにゅうとつきん》のストレッチ。僧帽筋は、首の後ろ側から背中にかけて広がっている筋肉で、主に肩甲骨を動かす際に働く。僧帽筋がこっていると、肩をすくめたときなどに痛みを感じる。

一方、胸鎖乳突筋は、首の前側から横にある筋肉で、首を左右に振ったり、曲げたり、回したりするときに働く。胸鎖乳突筋がこっていると、首を前に傾ける動作がつらくなる。

特に、スマホやパソコンを長時間使用する人は、うつむく姿勢を続けることで、筋肉が緊張して血流が滞り、疲労が蓄積しやすくなる。さらに、首の周りには自律神経をつかさどる神経が集中しているため、頭痛やめまい、吐き気、関節痛やしびれ、感覚鈍麻などの自律神経症状にもつながりやすい。

僧帽筋と胸鎖乳突筋をほぐすことで、肩や首のこりが改善されるだけでなく、副交感神経に関与する神経を刺激するため、自律神経症状の改善にもつながる。

首を伸ばしながら僧帽筋と胸鎖乳突筋をほぐすだけでもよいが、就寝前にストレッチを行う習慣をつけると、疲労回復＆安眠をもたらしてくれる効果も期待できる。

僧帽筋と胸鎖乳突筋

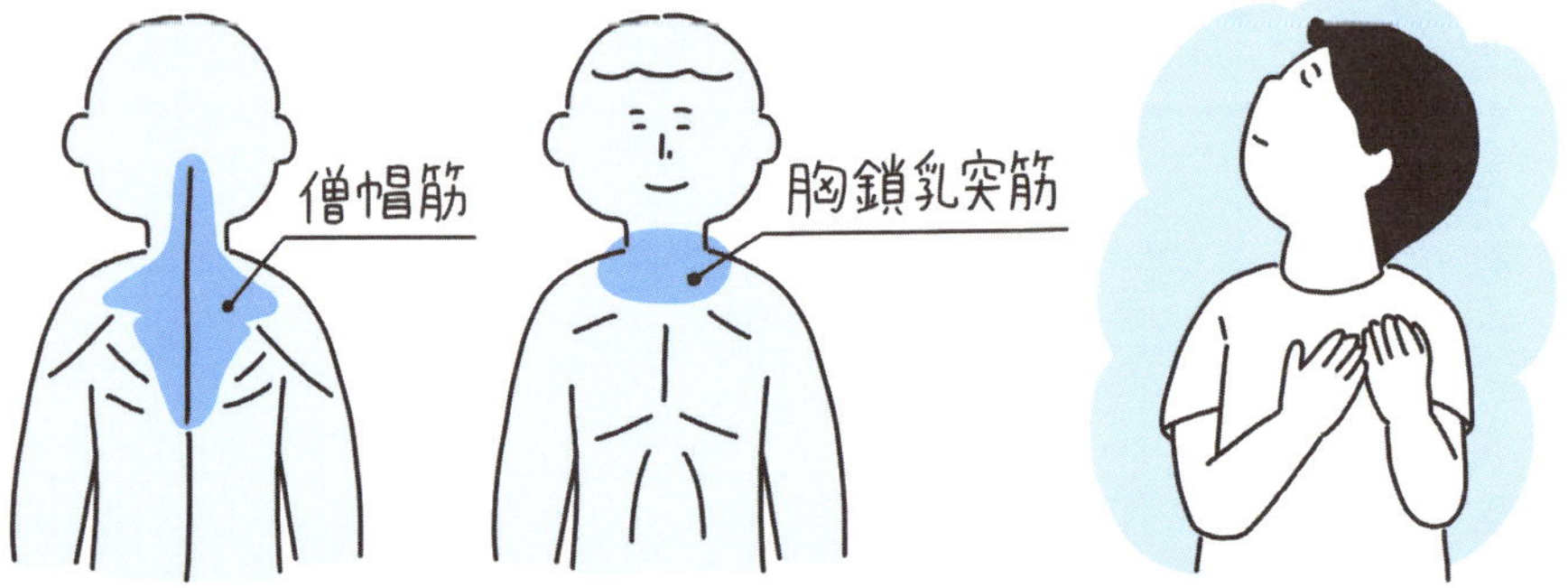

静的ストレッチのやり方

①仰向けになって全身の力を抜き、ゆっくりと深呼吸（腹式呼吸を意識する）

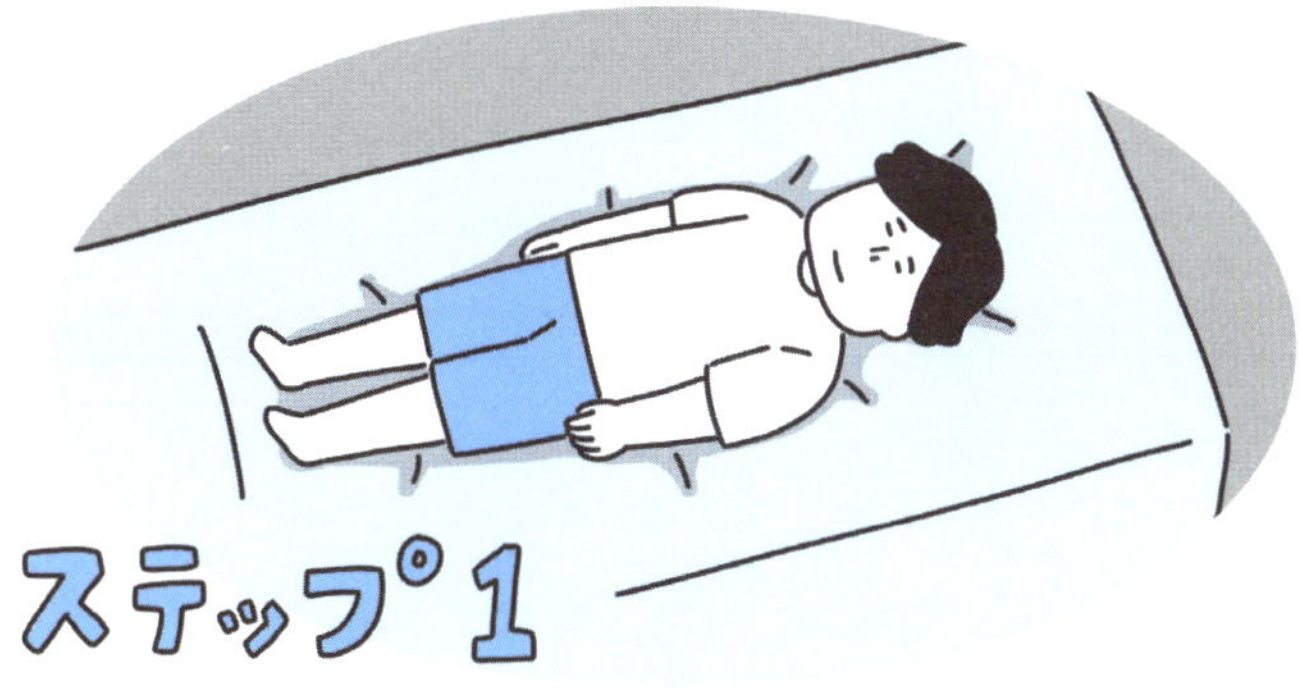

②両手のこぶしを握り、後頭部に当てて深呼吸する。首を左右にゆっくり動かす

③手首を返しながら、握ったこぶしをゆっくり動かし、後頭部の骨の下のくぼみから首にかけてマッサージする

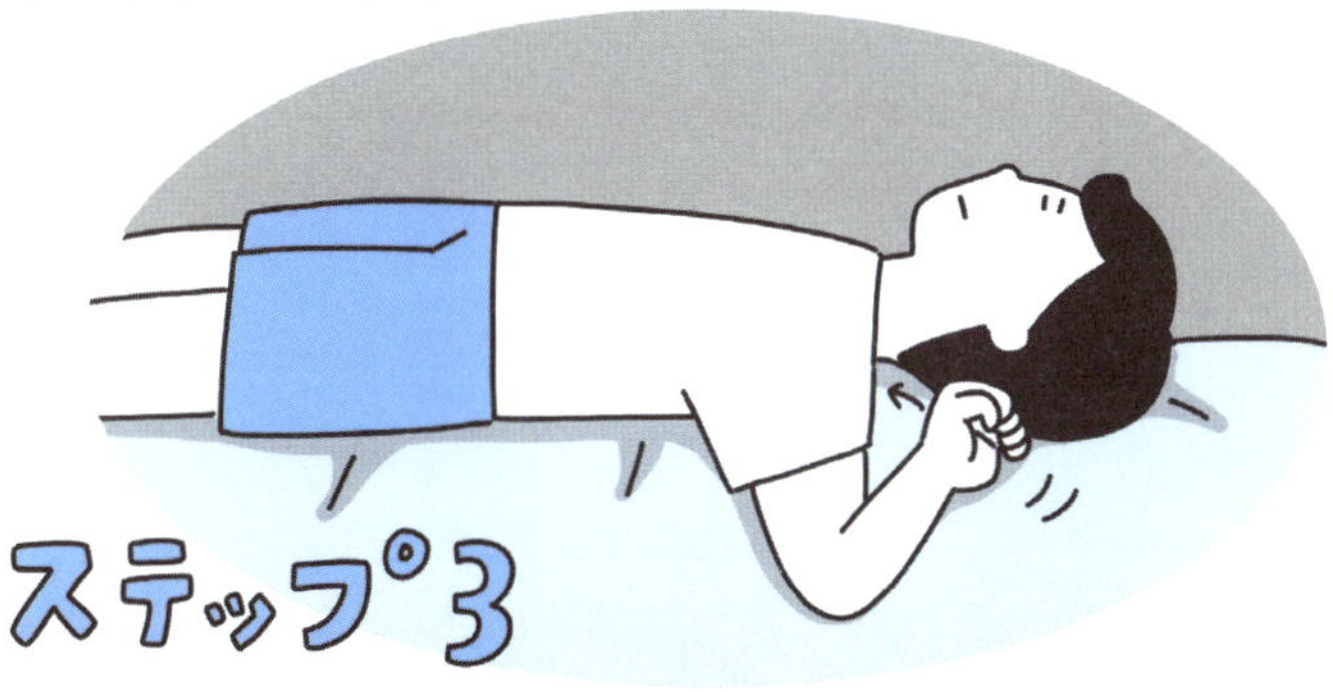

不調の兆しがキャッチできない・伝えられない

対策

- 体からのSOSを意識する
- しっかり休憩を取ることを習慣にする
- 身体表現に関わる言語表現を習得する

事例

仕事に集中しているとついつい働き過ぎてしまい、気がつくと体調が悪くなっている

仕事に過集中する傾向が強い。集中しているときは気にならないが、仕事が一段落すると一気に疲れが出て、何もできなくなってしまう。

退勤後や休日は動くエネルギーすら残っておらず、燃えカスのようになっているのが日常茶飯事。それにもかかわらず、いったん仕事モードになると、疲れていることも忘れてバリバリ働いてしまう。睡眠不足が続いたり、体調が悪かったり、働ける状態ではないことも自覚するのが難しい。風邪の前兆もわからず、熱が出ていても体温を測るまで気づかないことがある。

原因

感覚の鈍麻があり、セルフモニタリングが難しい

発達障害の人には感覚過敏があるケースが多い一方で、**感覚鈍麻**がある人もいる。感覚過敏と感覚鈍麻をあわせ持つ人もいるため、自覚がない場合も少なくない。

たとえば、血が出ているのにケガをしていることに気づかないなど、極端に鈍感なエピソードが思い当たる場合は、感覚鈍麻が疑われる。

感覚鈍麻があると、「痛い」「寒い」などの感覚が鈍いだけでなく、体調の悪さをモニタリングする力が弱いため、疲労や体の不調に気づかない。

また、疲労や不調の原因として、**過集中や多動からくる活動量の多**

感覚鈍麻があると……

冬でも半そで、夏でも厚着など気候に鈍感

熱いものに触れ、やけどをしてしまう

いつできたかわからないアザや傷がある

風邪の症状などに気づかない

知らないうちに虫歯が進行している

熱中症になりやすい

さ、睡眠不足などが考えられるが、そもそも自分が不調であることに気づいていないため、原因を特定し、改善することが難しい。

たとえば、冷房がガンガンにきき過ぎる場所で仕事をしていて、体が冷えていることが不調の原因になっているケースや、反対に熱中症になりやすい過酷な状況で仕事をしているのに、まったく自覚がないケースもある。座り仕事やパソコン業務で慢性的な腰痛や肩こりがあるのに、気づいていないこともある。

コミュニケーション力の問題

中には、うっすらと「不調かも」と感じているが、表現方法や表現するタイミングがわからず、ついつい無理し続けてしまう人もいる。「このくらいなら我慢できる」「大したことないんじゃないか」とギリギリまで頑張り、体調の悪化を限界まで放置してしまう。

倒れるまで働き、「なぜ、こんなになるまで放っておいたの？」とお医者さんから怒られたというツワモノエピソードもめずらしくない。

解決法 疲れに気づけるルーティンを取り入れる

体からのSOSを意識する

発達障害の人の脳は、神経のネットワークが弱いことがわかってきた。感覚鈍麻がある人は体からのSOSのサインをキャッチすることが難しく、自分の体が危険にさらされていても気づきづらいのではないかと考えられている。したがって、**できるだけ体からのSOSのサインをキャッチすることを意識しよう。**

たとえば、「疲れた」と感じていなくても、「集中できなくなってきた」「ミスが多い」と思ったら、休憩を取るほうがいい。また、「痛い」「だるい」などの自覚症状がなくても、「なんとなくいつもと違う」「食欲がない」などの違和感を覚えたら、早めに医療機関に相談しよう。症状に気づかないうちに何らかの病気が進行していることもあるので、注意が必要だ。

しっかり休憩を取ることを習慣にする

脳を酷使すると、リバウンドで虚脱状態に陥るリスクが高いので、注意したい。過集中を避けるためにも、**定期的に休憩する**習慣をつけよう。

仕事を始める前にタスクの優先順位を整理し、その日にやらなくていいことを決め、必ず休む時間を確保するのが大事だ。たとえ

「疲れた」と感じていなくても、強制的に休むほうがよい。

　長い休憩が取れない場合も、お茶を飲む、おやつを食べる、ストレッチをする、デスクから離れて軽く散歩をする、トイレに行く、音楽を聴くなど、意識してリラックスする時間を作ることを心掛けよう。

　また、熱中症を避けるためには、のどの渇きを感じなくても定期的に水分補給を行う習慣をつけるべきだということも覚えておこう。スマホのタイマー機能や、55ページで紹介したアプリの「ルーチンタイマー」やグーグルアシスタントの「オートメーション」なども活用し、2～3時間に一度は休む時間を作ろう。

身体感覚に関わる言語表現を習得する

体からのサインをキャッチする

ために、無意識に体が行っていることをあえて意識し、**言語化する練習**をしよう。だからといって最初から体の動きを正しくモニタリングし、コントロールすることを目指すのは、ハードルが高い。

　まずは、体とのよい関係を作ることを目標にし、体からのサインに耳を傾けることを心掛ける。たとえば、「寒い」「暑い」など気温に関することや、「緊張すると汗をかく」「顔がほてる」「心臓がドキドキする」「肩がこる」など、体からのサインを意識してみよう。慣れてきたら「顔がほてるのは緊張しているからかな?」「肩がこっているので、ストレスがたまっているかも」など、気持ちに関係する体の変化を、あえて言葉にしてみるといい。

　最初は難しいかもしれないが、続けているうちに自分の体がどんな環境でどんな反応を起こすのかがわかるようになってくるはずだ。

　とはいっても、自主練では続きにくいし、「一人でやるのはちょっと……」と思う人は、アプリを活用しよう。

　たとえばスマホアプリの「SELF」は、AIと会話しながら日常のメンタルケアや自己分析、状態管理ができるサービスだ。AIロボが、その日のユーザーの状態やメンタル、体調を予測、加味したうえで会話をしてくれる。アプリ内で答えた内容が記録できるだけでなく、体調や気分までも記憶し管理できるので、心身の状態を振り返るのに役立つはずだ。「疲れているから心配だよ」のように気持ちを受け止め、性格や傾向を分析したうえで、解決の提案も行ってくれる。

　搭載されている7体のロボットはキャラクターによって性格が違い、話す内容も変わる。自分に合ったロボットが選べるのも、ポイントが高い。

便利なアイテムにサポートしてもらう

感覚鈍麻があり、暑さ寒さに気づきにくく、体調を崩しやすいなら、自分だけの力で対処するには限界があるので、文明の利器に頼るほうがいい。スマホと連動し家電を自動でコントロールできるスマートリモコンを温湿度計と組み合わせて使えば、「25℃以上になったら自動でエアコンのスイッチをON」など、ニーズに合わせて設定できる。

おすすめはSwitchBotの、温湿度計付きスマートリモコン「ハブ2 4-in-1」。スイス製高精度センサーを搭載しており、温湿度を正確に測定し、常に快適な室温に保ってくれるので、リモートワーク時や睡眠中に便利だ。

もちろんエアコンだけでなく、テレビや照明器具などその他の家電とも連動できる。照明器具も、睡眠時や起床時などシーンに合わせて快適な明るさに調光してくれるので、生活の快適度が上がることは間違いない。

ライフサポートAIアプリ「SELF」

湿度計付きスマートリモコン「ハブ2 4-in-1」

体からのサインに耳を傾ける

おなかが痛くなりやすい

対策

- 食生活を改善する
- 適度な運動をする
- スマホを利用して体調管理を行う

事例　会議やプレゼンテーションなど、大事な場面でおなかが痛くなってしまう

子どもの頃から、運動会や修学旅行など大切なイベントのときや試験などの最中に、急におなかが痛くなることがあった。就活中は面接に行く途中の電車の中で腹痛に襲われ、慌てて途中の駅で下車してトイレに駆け込むことがたびたびあり、とても苦労した。

就職した今でも、仕事で会議やプレゼンテーションなど、緊張する場面で、必ずおなかが痛くなるので困っている。「おなかが痛くなるのではないか」と意識すると、余計に緊張がひどくなる悪循環で、憂鬱《ゆううつ》で仕方がない。頻繁に下痢をしている一方で、便秘もあり、体調が整わない。

原因　セロトニン不足により腸の働きが乱れやすい

脳腸相関《のうちょうそうかん》という言葉がある通り、脳と腸は密接につながっていて、相互に影響し合っている。

脳が緊張やストレスをキャッチすると、その信号が消化器系に伝わり、腹痛や下痢を引き起こすメカニズムがわかってきた。

脳と腸の働きを正常化させるために大事なのが、神経伝達物質の**セロトニン**だ。セロトニンは脳と腸の両方で分泌され、脳内では気分を安定させ、腸を動かす指令を出す役割を担っている。

ところが、発達障害の人の中には、**先天的にセロトニンの分泌量が少ない人がいる**ことがわかってきた。セロトニン不足でストレス

脳と腸が与え合う影響

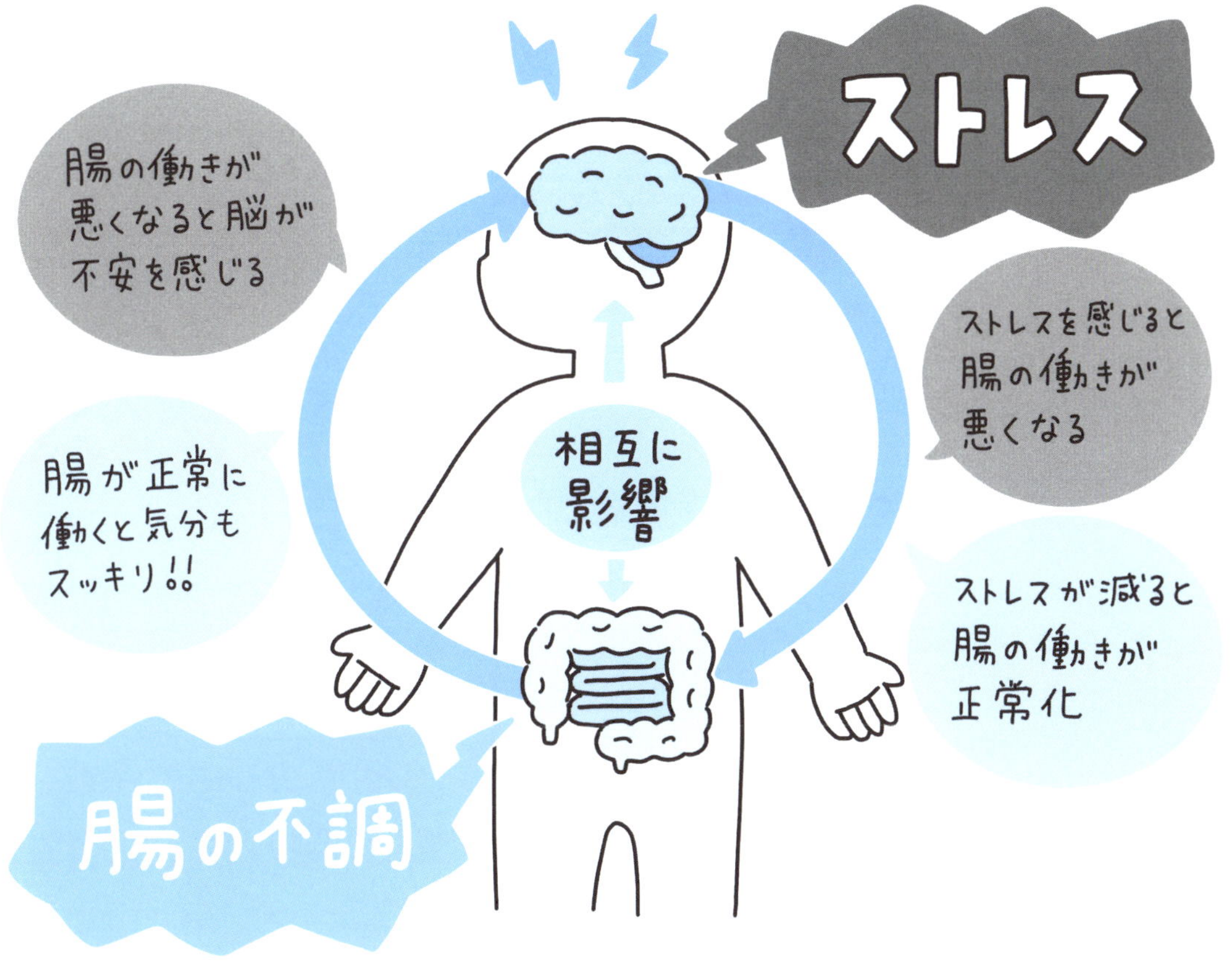
ストレス
腸の働きが悪くなると脳が不安を感じる
ストレスを感じると腸の働きが悪くなる
相互に影響
腸が正常に働くと気分もスッキリ!!
ストレスが減ると腸の働きが正常化
腸の不調

耐性が低くなり、消化器系に影響が出やすい可能性が指摘されている。

また、最新の研究ではセロトニンの9割が腸で作られることが明らかになった。セロトニンの分泌を促しストレスを軽減させるためには、腸内環境を整えることが必須なのだ。

ところが、発達障害の人は偏食やアレルギーなどで、**腸内環境が偏りがち**な人が多い。腸内環境が悪いと、消化器系の症状が悪化しやすいと考えられている。衝動性による食べ過ぎや飲み過ぎも、腸内環境を乱す原因になる。

解決法

セロトニンを増やすプランを立てよう

食生活を改善する

セロトニンを合成するには、必須アミノ酸のトリプトファンやビタミンB6、炭水化物などが必要だ。したがって、大豆製品、乳製品、卵、ナッツ、バナナなどのトリプトファンが豊富な食品や、魚類、にんにく、しょうがなどのビタミンB6が豊富な食品、果物やイモ類、穀類などの炭水化物を**バランスよく食べること**が大切だ。特に、バナナにはセロトニンを合成する成分がすべて含まれているので、おすすめの食品だ。

また、腸内環境を整えるヨーグルトやみそなどの発酵食品も積極的に食べる習慣をつけよう。

セロトニンを増やすためのプラン

プラン1 食事
セロトニンを活性化する成分をとる
トリプトファン
牛乳
みそ
ヨーグルト
腸内環境を整える
セロトニンの素となる食材
ビタミンB6
炭水化物
プラン2 習慣
生活習慣を整える
目を覚ましたらカーテンを開けて朝日をしっかり浴びる
ウォーキングや自転車などの運動を習慣にする

適度な運動も大事

目が覚めたらカーテンを開け、**日の光をしっかり浴びること**も大事なことだ。日の光を浴びることで、セロトニンの分泌が促進される。

また、セロトニンの分泌は、ウォーキング、縄跳びなどリズミカルな運動によって活性化される特徴がある。朝、通勤や通学のときに自転車を使ったり、一駅歩いてみたりと、気軽にできる運動を生活の中に取り入れてみよう。

スマホを利用して体調管理を行う

セロトニンを増やすには、不規則な生活や睡眠不足などの生活習慣を改善することが必須だ。けれども、「規則正しい生活をしたほうがよいとわかっていても、なかなか実行できない」という人は多いはず。

そう感じているなら、スマホのアプリを使って、スケジュール管理を行ってみよう。発達障害当事者の困りごとを解決するためのイベント「ハッタツソン」から生まれたタスク管理アプリ「コンダクター」なら、1日の予定やタスクを可視化する「タイムライン」に、仕事の時間、食事時間、水分摂取時間などを登録することにより、スケジュール管理ができる。

時間が進むごとにタイムバーが徐々に塗りつぶされていくため、視覚的に残り時間を把握することができて便利だ。

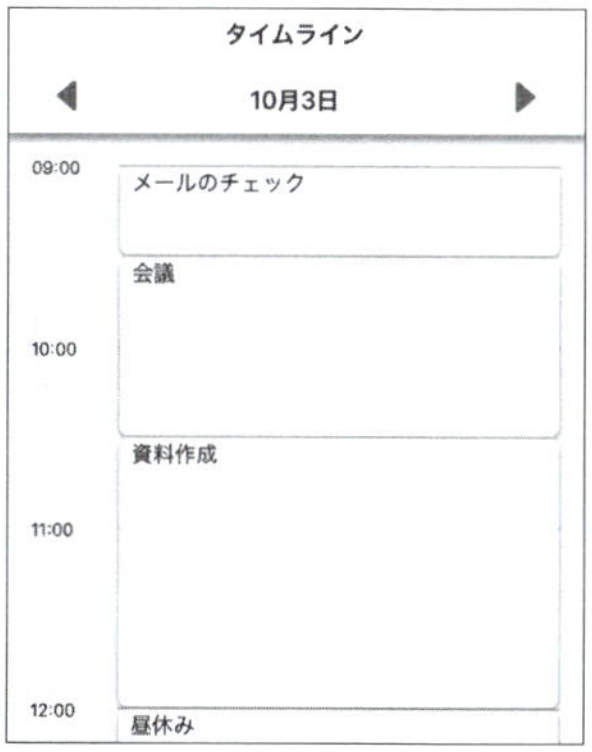

「ハッタツソン」から生まれたタスク管理アプリ「コンダクター」

医療機関を受診しよう！

腹痛の症状が重い場合、過敏性腸症候群や潰瘍性大腸炎など、腸の病気の可能性も考えられる。実際、発達障害の人で腸の病気に悩む人は少なくない。

過敏性腸症候群はストレスが原因で慢性的に腸の不調が起こる病気だ。腹痛や腹部の不快感のほか、習慣的に便秘や下痢を繰り返す症状が見られる。一方、潰瘍性大腸炎は、大腸に炎症が起き、潰瘍やびらんができる病気で、下痢や腹痛の症状のほか、血便が見られることが特徴だ。

いずれも、重症になると日常生活に支障をきたす危険があるので、気になる症状があるなら早めに受信し、症状に合った適切な薬を処方してもらおう。

天候の変化に弱い

対策

- 自律神経のバランスを整える
- アプリを使って管理する
- 周囲に協力を求める

事例　天候の変化に弱く、梅雨時や台風の時期は、毎日のように調子が悪い

天候や気圧の変化によって体がだるくなったり、調子が悪くなったりする。

子どもの頃から、気候が目まぐるしく変わる季節の変わり目や、梅雨時や台風が多く気圧の変化が激しい時期が特に苦手。朝、目覚めた瞬間からまるでヘルメットをかぶっているように頭が重く、なかなか調子が出ないことが頻繁にある。

無理をしてベッドから起き上がり体に鞭打って準備をして外出しても、たいがい頭痛がひどくなる。頭痛薬を飲んでも楽にならず、仕事にならないので会社に行きたくない。

原因　気圧の変化を受けやすい

季節の変わり目や、気温や気圧の変化が激しい時期に、頭が痛くなる、体調が悪くなる、気分が優れない、起きられないなどの症状がある人は、**気象病**の可能性が高い。

気象病とは、気圧や湿度、気温などの気象の変化が原因となって起こる体調不良全般のこと。雨や台風など悪天候の日に調子が悪くなるタイプの人が目立つが、天候がよくなることで症状が出る人もいる。

まだはっきりとしたメカニズムは解明されていないが、急激な気圧や気温の変化によって、自律神経が乱れ、さまざまな症状が現れる。

発達障害の人で気象病に悩まされる人は少なくなく、自律神経の弱さや感覚過敏が関係しているといわれている。

特に感覚過敏がある場合、些細な気象の変化にもセンシティブに反応しやすく、ストレスを抱えやすいので、気象病の症状が強く出るのではないかと考えられている。

代表的な症状として、倦怠感、頭痛や食欲不振、めまい、耳鳴り、気分の落ち込み、イライラや不安などが挙げられるが、腰痛などの持病や、ぜんそく、じんましんなどのアレルギー症状がひどくなることもある。

症状の現れ方にも個人差があり、軽い人もいるが、中には、「低気圧の日にはベッドから起き上がれない」「台風が来ると頭が割れるように痛くなる」「梅雨の時期には、毎年、調子が悪い」など生活に支障をきたすほど重い症状に悩まされる人もいる。

気象病の症状

頭痛だけでなく、めまい・動悸などの症状や持病の悪化も

解決法 傾向を知り、対策をとる

自律神経のバランスを整える

呼吸法（58ページ参照）、ヨガや瞑想などを生活の中に取り入れてみよう。

入浴も血行をよくし自律神経のバランスを整えるのに有効な方法なので、**ぬるめのお風呂にゆっくり入ること**を、毎晩の習慣にするといい。

アプリを使って管理する

たとえば、「頭痛ーる」は、気象予報士が開発した気象病対策アプリだ。気圧の変化をわかりやすく表示し、体調不良が起こりそうなタイミングを、「警戒」「注意」など4つのアイコンで知らせてくれる。

また、どんな気象の変化で体調が悪くなったのかを記録できるので、記録を続けていけば自分の傾向がわかってくる。無理をせず早めに服薬したり、休息を取ったり、症状が重くなる前に対策を講じられる。

周囲に協力を求める

「雨の日は頭痛がひどい」「低気圧でベッドから起き上がれない」など自分の傾向がわかっているなら、**職場や学校などに気象病であることを伝えておくとよい**。特に持病がある人は、無理をするのは禁物だ。

調子が出ない日は、シュレッダーかけなどの単純作業やミスが出にくい仕事に変えてもらったり、遅刻や早退を認めてもらったりなど、配慮をお願いしておけば、気持ちが楽になるはずだ。

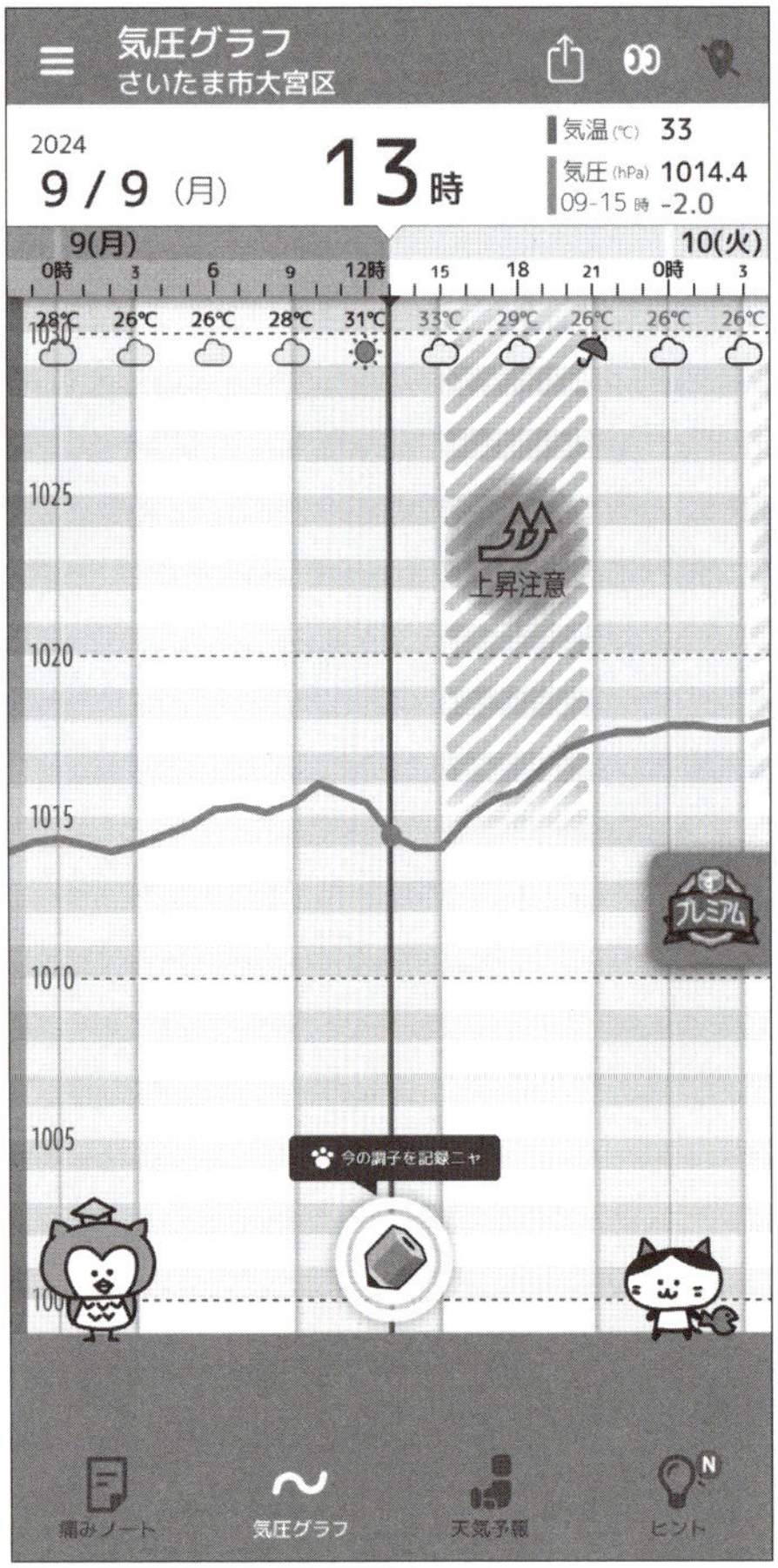

気象病の対策アプリ「頭痛ーる」

第3章

「気持ちが安定しない」のを何とかしたい！

気分の波が激しい、落ち込みやすい

ちょっとしたことが気になったり、何か違和感があったり、なんとなく落ち込んだり、発達障害の特性によって、なかなか気持ちが安定しない場合がある。対策を考え、気持ちの波を乗り切ろう。

ちょっとしたことでイライラする

対策

- 生活習慣を見直す
- 気持ちが切り替えられないときはその場を離れる
- イライラを鎮めるアロマを携帯する

事例

ちょっとしたことでイライラして怒ったり、時には怒鳴ったりしてしまう

何気ない会話をしている途中、「少しだけ」「あとで」などのちょっとした言葉の使い方が気になり、「それ、どういう意味？」と何度も聞き返してしまう。相手は気軽に言っているようだが、自分は混乱してイライラし、だんだん語気が強くなってしまう。

仕事に集中しているときに声をかけられたり、突然別な仕事を振られたりしたときも、イライラする。

ついつい、「うるさいな」とか「そんなのできません」と否定的な言葉で返してしまう。自分のペースを崩されたり、思い通りに進められなかったりすると、どうすればいいのかわからなくなりイライラッとする。

そういえば、小学校の頃からちょっとしたことでイライラして、ケンカをしたり、学校を休んだりしていた。毎回、あとになって「悪かったなぁ」「どうして怒ってしまったんだろう」と反省している。

もう少し人に優しくなれないだろうか。自分でもどうすればいいのかわからず、困っている。

原因

こだわりが強いため、切り替えが苦手

発達障害の人の中には、**こだわりの強さ**から、気分の切り替えや急な予定変更などへの対応に難しさを感じる人がいる。

こだわりが強いと、ちょっとしたことに引っ掛かり、イライラし

てしまう。たとえば、事例にある「少し」「あとで」のほか、「少々」「若干」「適当に」「そこそこ」などの曖昧な表現は日常会話で繰り返し使われる。また仕事では、突然別な仕事を振られたり、予定が変わったりすることはめずらしくない。

ほとんどの人は、予定が変わっても気持ちを切り替えて対応するし、曖昧な言い回しをされても気にとめずに会話を続けるものだ。しかし、そうした対応が苦手な人がいる。

特に、ASDの人は、こだわりの強さが原因で**簡単に気持ちを切り替えられない**ため、大きなストレスを感じてしまう。結果、自分の不愉快さを解消するために、相手に対して一方的な意見を伝えたり、空気を読まずに発言したりして周囲との関係が悪くなり、イライラがさらにひどくなるという悪循環に陥ることもある。

ストレスがかかることで起こる悪循環

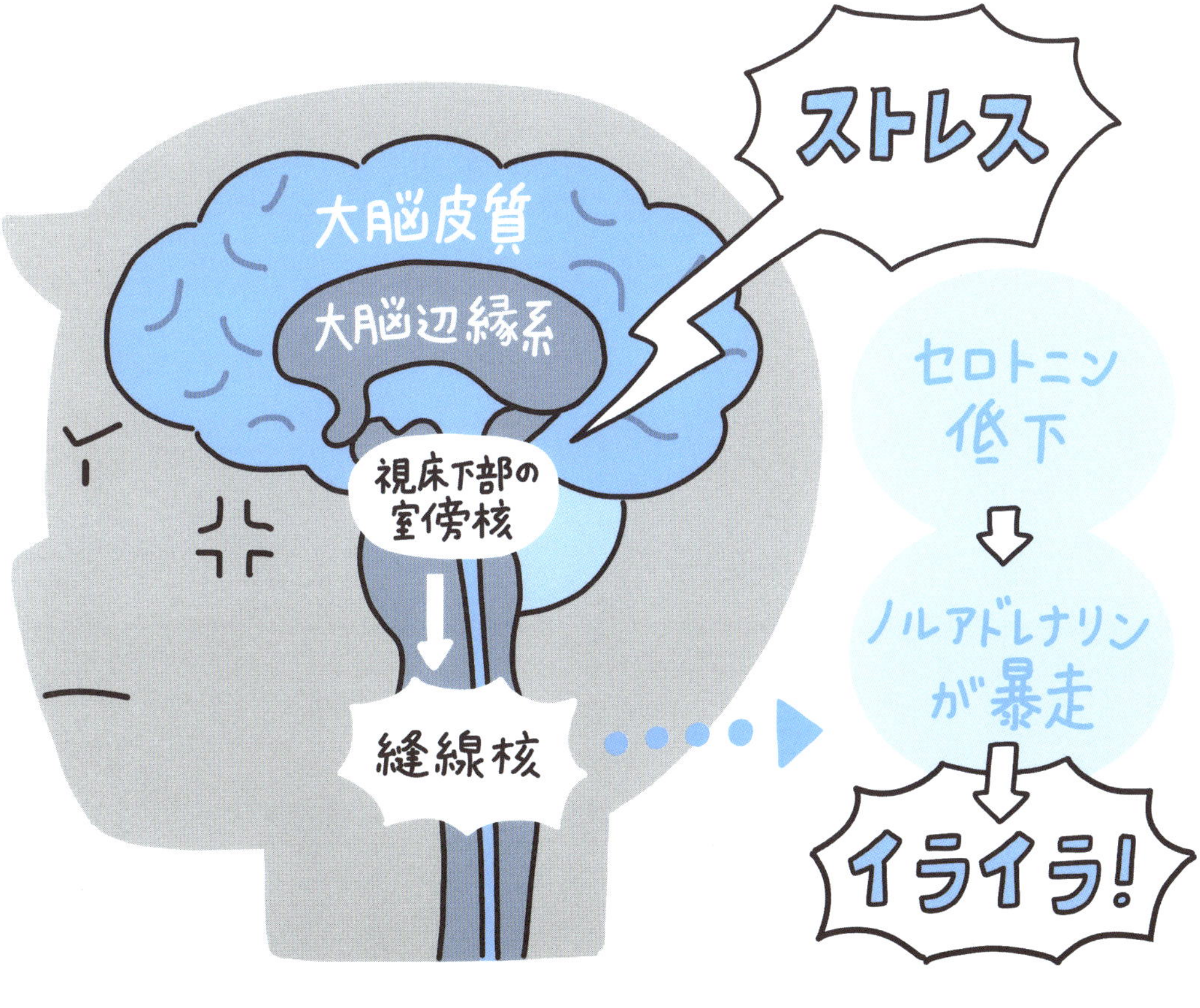

ADHDの人の場合は、気持ちのコントロールが難しく、**思い通りにならないときにイライラしてしまう**ことが多い。

明確な原因は不明だが、**セロトニンの不足**が関係している可能性も指摘されている（68ページ参照）。

怒りの感情が生まれるのは、脳にある大脳辺縁系という場所だと考えられている。脳がストレスをキャッチすると、まず室傍核《しつぼうかく》に情報が伝達される。すると縫線核《ほうせんかく》が影響を受けてセロトニンの働きが低下し、ノルアドレナリンの分泌が活発になる。

ノルアドレナリンは脳に作用して怒りの感情をピークに持っていく物質で、別名「怒りホルモン」ともいわれている。

ASDであれADHDであれ、発達障害の人はセロトニンがうまく働いていない可能性があることに加え、障害特性から生活上の困難が多く、通常よりもイライラしやすい状態にある人が多い。また、生活リズムが乱れている場合も少なくなく、睡眠不足によって脳内の扁桃体が刺激を受けやすくなり、ノルアドレナリンの分泌が活発になっている可能性も考えられる。

特に、深夜のスマホやゲームなどで生活リズムが乱れていると、睡眠不足によりストレスを感じやすくなり、ノルアドレナリンの分泌が活発になる。ノルアドレナリンが暴走すると興奮しやすくなり、イライラしたり、不安が高まったりし、いわゆる「キレやすい」状態になる危険性が高い。

解決法 生活習慣を見直しながら、対処法を試してみる

生活習慣を見直す

疲労、ストレス、夜型生活、運動不足、人とのコミュニケーションの不足などが、セロトニンの働きを低下させる。夜遅くまでパソコンやスマホを触っていて寝不足な状態は、もともとセロトニンの働きが弱くなりやすい発達障害の人にとって最悪の状態といっても過言ではない。

セロトニンの分泌を増やすには、**生活リズム全体を見直すこと**が重要だ。規則正しい生活、つまり、早めに寝て、起床時に日光を浴びる生活がよいとされている（44ページ参照）。

常にイライラしているなら、寝る前にバスボムなどを使って入浴タイムを楽しみ、1日のストレスをリセットする習慣をつけよう。バスボムとは、お湯に入れるとシュワシュワと発泡する固形入浴剤。さまざまな種類があるので、お気に入りのバスボムを探してみよう。

さらに、**毎日適度な運動をする**のもよいとされている。外に出る

のが億劫なら、「Wii Sports」や「Nintendo Switch」などを活用し、毎日10分程度、体を動かすだけでもよい。

「Nintendo Switch Sports」なら、ジョイコンを振って、ボウリング、チャンバラ、テニス、ゴルフ、バレーボール、バドミントン、サッカーなど興味のあるスポーツを楽しみながら体を動かすことができる。

「Nintendo Switch Sports」のバレーボール
出典：任天堂HP「「Wii Sports」シリーズ最新作『Nintendo Switch Sports』が登場。4月29日に発売決定。」
URL：https://www.nintendo.com/jp/topics/article/1f5451a5-8e02-47b3-999a-4dcd06df6f46

また、「リングフィットアドベンチャー」は冒険しながらフィットネスもできるゲームだ。自分に合った運動メニューが選べ、記録もできる。ゲームを起動せずに、リングだけでフィットネスを行うことも可能だ。

無理なく続けられる、自分に適したゲームを探してみよう。

「リングフィットアドベンチャー」は冒険しながらフィットネスもできるゲーム
出典：任天堂HP「今冬は冒険しながらフィットネス。『Nintendo Switch リングフィットアドベンチャー セット』が登場。」
URL：https://www.nintendo.com/jp/topics/article/ab1416da-fb7e-4b00-90ae-ee301712f10f

気持ちが切り替えられないときは、その場を離れる

イライラした感情が起きたときは、**いったんその場を離れてみる**ほうがいい。その場を離れることで、イライラの原因となっている刺激が減り、気持ちが落ち着くことが多い。

その場を離れるだけでなく、気持ちを落ち着かせる行動を取ることも有効だ。スマホで好きな画像や動画などを見る、気持ちが落ち着く音楽を聴く、好きな飲み物を飲む、簡単なストレッチをするなど、気持ちを切り替える技を身につけよう。

イライラを鎮めるアロマを携帯する

気持ちを落ち着かせるためには、**アロマオイルが有効**だといわれて

いる。さまざまな種類があるが、あなたに寄り添う「お守りアロマ」は、携帯するのに便利なシートタイプで、アロマオイルがパウダー加工されている。

　感覚過敏のある人でも安心して使えるよう、発達障害当事者にアンケートを実施し、その声をもとにアロマプロデューサーが調香した。気持ちを一気に切り替えクールダウンできる「ひとやすみ」と、心を落ち着かせてくれる「だいじょうぶ」の2種類の香りがある。

　イライラしたときはもちろん、不安や緊張に押しつぶされそうなときに、ドキドキを鎮めてくれるお守りになりそうだ。

「お守りアロマ」は、携帯するのに便利なシートタイプ
出典：おやこコーチングmamanoria HP
URL：https://shop.mamanoriashop.com/

専門家やアプリに相談してみる

　イライラの頻度が非常に多かったり、いつまでも引きずったりしてトラブルが多い場合、**医療機関などを受診する**のも選択肢のひとつだ。自分ではコントロールできない感情の起伏の激しさは、抗精神薬などを使った薬物療法が効果的な場合もある。また、医師やカウンセラーなどの専門家による認知行動療法などの心理療法で、抑制できるかもしれない。

　医療機関は敷居が高いと感じるなら、**オンラインで相談する**手段もある。たとえば、無料のコミュニティ「U2plus」は、科学的に効果が高いことが知られている認知行動療法をベースにしており、ユーザー同士でアクティビティを共有し、他の人の書き込みを参考にしたり、励まし合ったりできる。主として、うつ病の人たちが対象だが、気持ちを切り替えるヒントが見つかるかもしれない。

　手軽に使えるスマホのアプリを利用してもいい。「聞いてよ！クマさん」は、紙に悩みを書いてクマさんに渡すと、森の動物たちがスッキリ解消してくれる、愉快なアプリだ。解消法の選択肢は、「火に投げ入れて燃やす」「破いて捨てる」「ヤギに食べてもらう」「キツツキにつついてもらう」と豊富だ。クマさんの優しさに癒やされて、イライラも解消されるはずだ。

「聞いてよ！クマさん」の画面

イライラしたときにするべき対策

生活リズム全体を見直す

いったんその場を離れる

イライラを鎮めるアロマを携帯する

専門家やアプリに相談してみる

ちょっとしたことで落ち込んでしまう

対策

- ジャーナリングの習慣をつける
- アプリを使って自己肯定感をアップする
- 周囲からフィードバックをもらう

事例　人とのコミュニケーションで些細なことが気になり、いちいち落ち込んでしまう

会話をしているときやSNSのやりとりで、自分の発言に異論を示されたり、話をスルーされたりすると、自分が間違っていたのだろうか、気に障るようなことを言ってしまったのかと気になり、眠れなくなるほど落ち込む。先日は「すごいいね」と褒められたが、何がすごいのかわからないので、皮肉を言われたのかと悩んでしまった。

他の人たちが談笑していても、自分が笑われているような気がするし、陰で悪口を言われているのではないかなどと想像し、気になって仕方がない。

ちょっとしたミスをしたときも、大きな失敗をしたように思えて、叱られたわけではないのに、「こんなことではダメだ」と自分にがっかりしてへこんでしまう。

「気にし過ぎだよ」「気にしないほうがいい」などとアドバイスされるが、気になる性格なので、自分ではどうすることもできない。どうすればいいだろうか。

原因　自己肯定感の低さが一因かも？

発達障害の人は、その特性のために、子どもの頃から努力してもうまくいかなかった経験を積み重ねていることが多い。

特に物心がついてからは、学齢期以降の失敗体験は記憶に残りやすい。その結果、**自己肯定感や自己効力感が非常に低くなり**、ちょっとしたことで不安になったり、自分を責めたり、落ち込んだりすることがある。中には、うつや不安障害を二次障害として抱えてしまう場合もある。

特にHSPの人（92ページ参照）の場合、ちょっとした刺激にも敏感に反応してしまうため、他人の目線や発言を必要以上に気にし過ぎる傾向がある。

ちょっとしたミスでいつまでも自分を責めたり、「ちゃんとできていなかったんじゃないか」「あの人の言葉は、いったい、どういう意味なんだろう？」などとクヨクヨ思い悩み、一人反省会を行い続ける人もめずらしくない。

また、自分とは関係ない会話をキャッチして、「見られている気がする」「何か変なことをしてしまったのか？」「自分の噂話をしているのではないか」などと根拠なく思い込み、一人でドキドキしたり、落ち込んだり、疑心暗鬼になってしまうこともある。

解決法　自分に合った気持ちの切り替え方を身につける

ジャーナリングの習慣をつける

ジャーナリング（journaling）とは、「書く瞑想」とも呼ばれるシンプルなメソッドだ。頭に思い浮かんだことをありのままに紙に書き出すことで、自分や物事を客観視でき、気持ちの整理ができるため、不安の解消につながっていく。

たとえば毎日、帰宅後に「5分間」など時間を決め、「仕事」などとテーマを設定し、思いついたことを何でもいいので、ノートに書き出してみる。もやもやを抱えがちな人は、ジャーナリングで気持ちを整理する習慣をつけるといい。

「文章を書くのが苦手」「何を書いていいのかわからない」という人は、**市販のフォーマットを活用してみよう**。たとえば、『書くだけで人生が変わる自己肯定感ノート』（中島輝：著・SBクリエイティブ）は、自己肯定感が自然と高まる書き方のコツが紹介されているだけでなく、いくつかの書き込み式のテンプレートがついているので、書くのが得意ではない人や、自分の気持ちを言葉で表すのが苦手な人でもとっつきやすい。

さらに、「自尊感情」を高めるワーク、「自己効力感」を高める

『書くだけで人生が変わる自己肯定感ノート』（中島輝：著・SBクリエイティブ）

ジャーナリングの記載例

〈仕事について〉

・メイクなどしてスーツに着替える
→スーツなので用意に時間がかかって大変だった、少ししんどい。
・自立訓練のスタッフと職場へ入社前面談に行く。
→今回はスタッフ同席だったので迷子や遅刻のリスクが低く、安心した。
・業務の質問をする。
→質問の回答の際、部長さんから少し圧を感じた。怖かった。
・勤務先に挨拶をする。
→挨拶に行った際、本来は同期だった個人的に仲良くなりたかった子が先に入社しており、私は後輩なのでもう二度と対等な関係では仲良くなれないんだと悲しくなった。
・就活日報を送る。
→これで皆勤が保たれたなと思った。

ワークなども紹介されているので、ネガティブ思考にとらわれやすい人は試してみるといい。

『1日ひとつ、自己肯定感を高める365の言葉』（トロイ・L・ラブ：著、山藤奈穂子：訳・SBクリエイティブ）も、自己肯定感を高めるトレーニングに使える1冊だ。365日分の自己肯定感を高める言葉が紹介されているだけでなく、書き出して整理するアクティビティやイメージトレーニングなどが掲載されている。

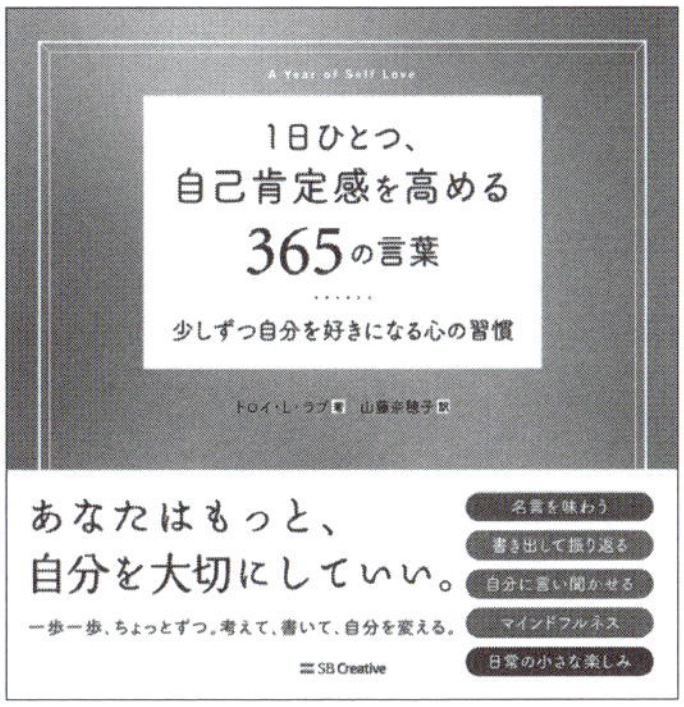

『1日ひとつ、自己肯定感を高める365の言葉』（トロイ・L・ラブ：著、山藤奈穂子：訳、SBクリエイティブ）

アプリを使い自己肯定感をアップする

生活の中のネガティブな面ではなく、成功体験に目を向けるために、スマホの記録アプリを使う方法もある。「幸せの記録アプリ」（iPhone向け）や「Myできたこと日記」（iPhone&Android向け）などを試してみよう。

ジャーナリングを試せる便利なアプリもある。認知行動療法「こころの日記」は、自分の思考や気分を記録する日記アプリだ。ただ記録するだけでなく、認知行動療法に基づいたサポートもしてくれるのがうれしい。自分の考え方、感情の現れ方などを検証し、理解を促してくれる。マイナス思考を疑い、ポジティブな体験を思い出しながら、将来に関する考えを変えていくことができる。また、「不安スクリーニングテスト」「うつ病スクリーニングテスト」の2つのテストを受けられるので、自分の状態を客観視するのに役立つ。トライアル期間の7日間は無料で利用できるが、トライアル期間終了後は年額6900円が自動で課金されるので注意しよう。

また、「muute（ミュート）」はAIを使ったジャーナリングアプリ。感じたことをありのままに書くだけでなく、質問に答えながら思ったことや考えていることを書き出していけば、AIが分析結果をフィードバックしてくれる。

自己肯定感を高めるのに役立つアプリ

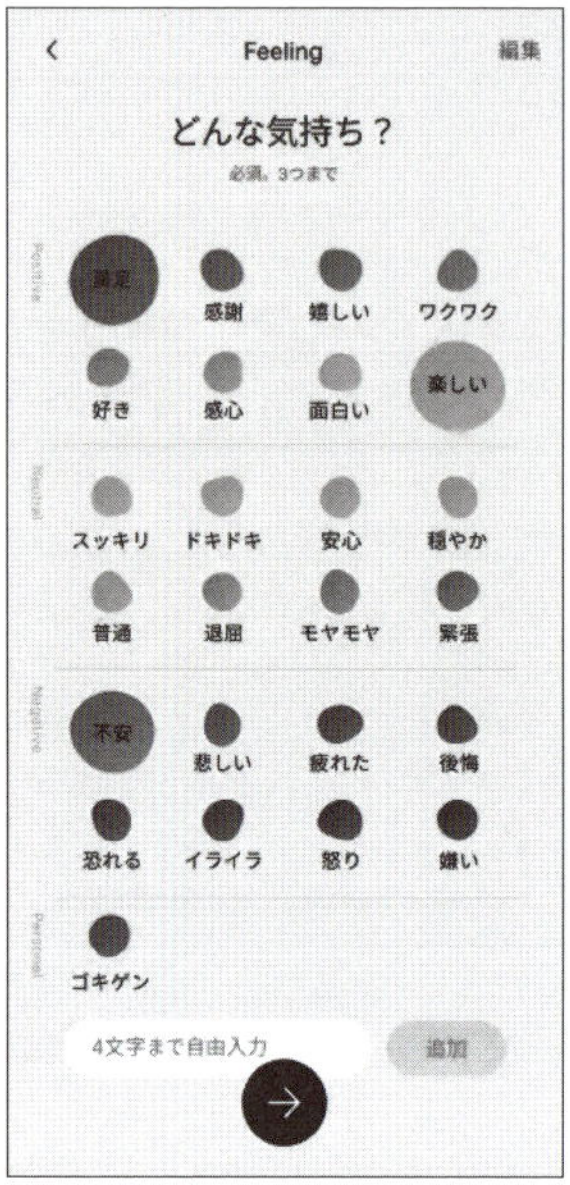

AIを使ったジャーナリングアプリ「muute」
出典：muute HP　URL：https://muute.jp/

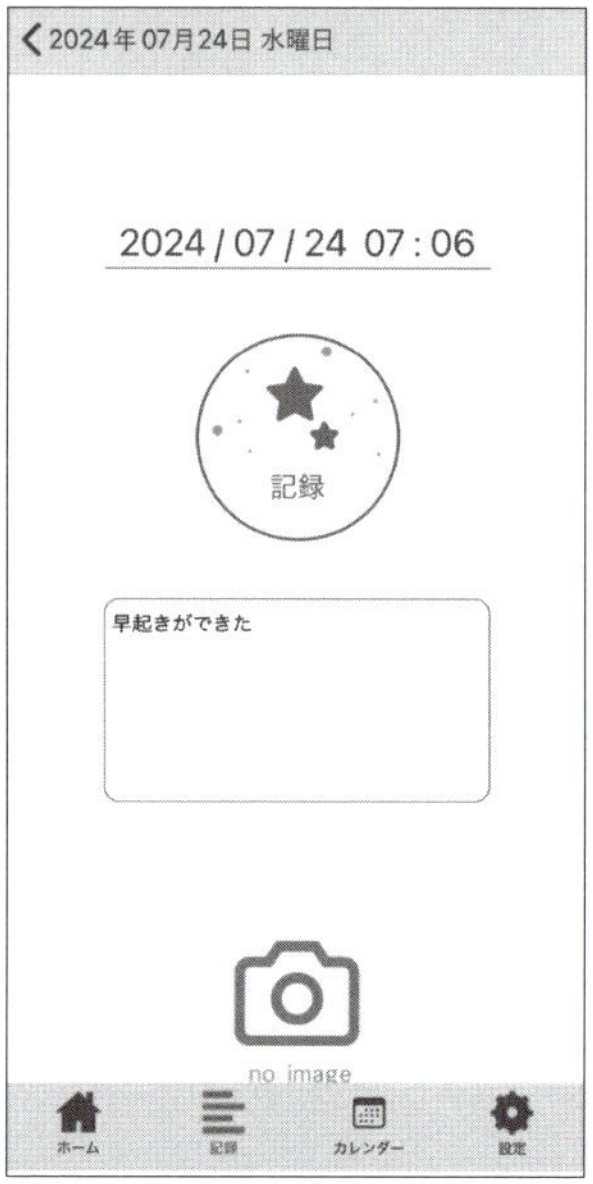

よい出来事を記録して前向きになれるアプリ
「幸せの記録アプリ」

認知行動療法「こころの日記」

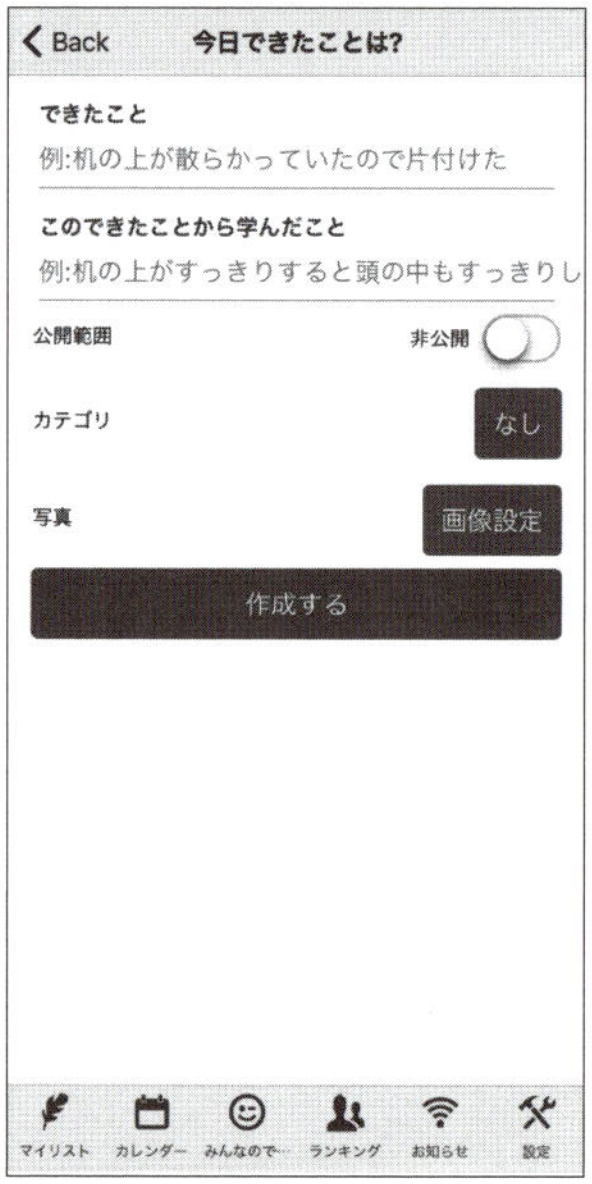

小さな成功体験を記録するノートアプリ
「Myできたこと日記」

周囲からフィードバックをもらう

自己肯定感が低い人の場合、独力で解決しようとしても、なかなかうまくいかない。そんなときは、**他者からフィードバックをもらう**と効果的だ。たとえば、趣味の話ができる仲間と知識を分かち合うなど、共同経験を積んでいくことも自己肯定感につながっていく。できるだけリラックスできて、気の置けない場所で、コミュニケーションの経験を重ねるのがポイントだ。経験を積むことで「自分が思っているほど、他人は自分の発言を気にとめていない」「コミュニケーションで大事なのは、お互いを認め合う信頼関係」という実感がつかめていくはずだ。自分も他人も認めることができれば、細かいことで自虐的にくよくよ悩む場面も少なくなるはず。

Kaienの自立訓練（生活訓練）では、自分の強み（長所）について他者からポジティブな評価をもらう、自分が得意とする（好きな）活動について他者と共有するといった訓練を実施している。自分では気づかない長所を他者から認めてもらうことが、ネガティブな考えの悪循環から抜け出すチャンスになる。

フィードバックしてくれる仲間がいない人は、アプリを活用しよう。「褒め日記」は、日記を書くことでポジティブになれる魔法の日記アプリだ。「朝起きた」「ご飯を食べた」「8時間以上寝た」「歯を磨いた」など、日常の些細なことや、毎日何気なくやっていることを記録するだけで、褒め猫が褒めてくれる。しかも、選択肢をタップするだけなのでラクチン。継続して日記をつけると褒めレベルが上がり、楽しいコンテンツが追加されるので、無理なく続けられる。800以上ストックされている著名人や偉人の言葉に、勇気づけられるという声も多いようだ。

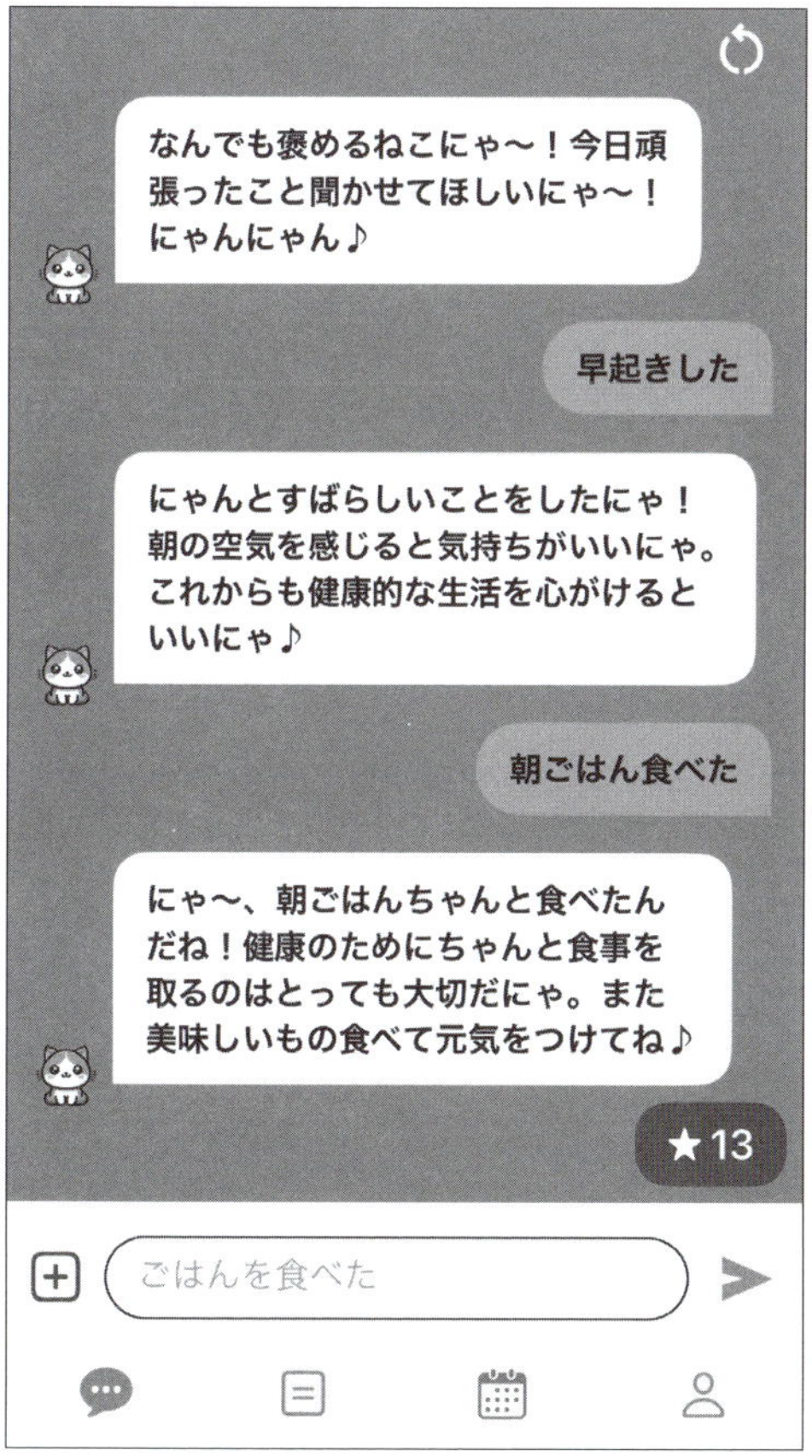

「褒め日記」では、日常の些細なことや、毎日何気なくやっていることを記録するだけで、褒め猫が褒めてくれる

他人への叱責にもつらくなる

対策

- 自分の感覚を取り戻す
- ジャーナリングで状況を整理する
- 劣悪な環境からは逃げてしまおう

事例　他人が怒られているのを見ると自分のことのように落ち込んでしまう

職場に厳しい上司がいて、なかなか仕事を覚えない新人や、ミスを繰り返す同僚が、よく叱られている。上司は声が大きく感情的に怒鳴ることもあるので、見ているだけでつらくなる。別に自分が怒られているわけではないのに、怒られているような気持ちになり、体がこわばり、強いストレスを感じてしまう。

思い返せば、学生時代にも、クラスメイトが先生に叱られていたり、先生がイライラしていたりすると暗い気持ちになり、学校に行くのが嫌になったことがある。誰かがいじめられていると、まるで自分がいじめられているような気持ちになったり、人の悪口を言う人がいると、もやもやしたり落ち込んだりしてしまう。理性では自分が悪いわけではないとわかっていても、感情が引きずられ、なぜか嫌な気持ちになり、落ち込んでしまう。

原因　ネガティブバイアスに引きずられやすい

一般的に、人はポジティブな出来事やよい情報よりも、ネガティブな情報のほうに過剰に反応する傾向がある。これは心理学用語で「**ネガティブバイアス**」といわれている。ストレスが大きい状況下では特にその傾向が強くなり、過去の記憶でも幸福な思い出より、つらい経験のほうが鮮明に思い出しやすい。

クラスメイトや同僚などの身近な人が叱責されている状況は、印象が強いネガティブ情報であり、障害の有無にかかわらず、強く記憶に残ってしまうものだ。

特に発達障害の人は、**自他境界が曖昧**な特性があり、他人に向けられた反応を自分に向けられているかのように感じてしまうことがある。

自他境界とは、「自分と他者は別のものである」と無意識に区別できる力のことだ。自他境界が曖昧だと、人とうまく距離を取ることができなかったり、「自分は自分、人は人」と割り切れなかったりするため、心の不安定さにつながり、人間関係に支障をきたしやすいといわれている。

また、発達障害の特性のひとつである**シングルフォーカス**（1つの事柄に意識が集中してしまい、2つ以上の物事に対して注意や意識を向けることが困難な状態）も、「書類の提出が遅れていることを注意されている」といった全体の文脈を捉えるのが難しいため、その結果「上司が怒っている」というネガティブな印象だけに注目してしまい、ネガティブ情報に固執する原因になる。

解決法　情報に引きずられないようにする

自分の感覚を取り戻す

自分が怒られているわけでもないのに必要以上に落ち込んでしまうのは、外部のネガティブな情報に引きずられて、自身の感覚を見失っている状態にあるのかもしれない。

目の前で同僚が怒られていたり、上司がイライラしていたりするなら、**ネガティブな情報にだけ注目し過ぎないように意識し、自分が行っている作業にひたすら集中してみよう。**

どうしても気になる場合は、物理的にその場を離れるほうがよい。トイレに行く、お茶を飲むなど、ネガティブな情報が頭にこびりつかないよう、気持ちを切り替える努力をしてみよう（79ページ参照）。

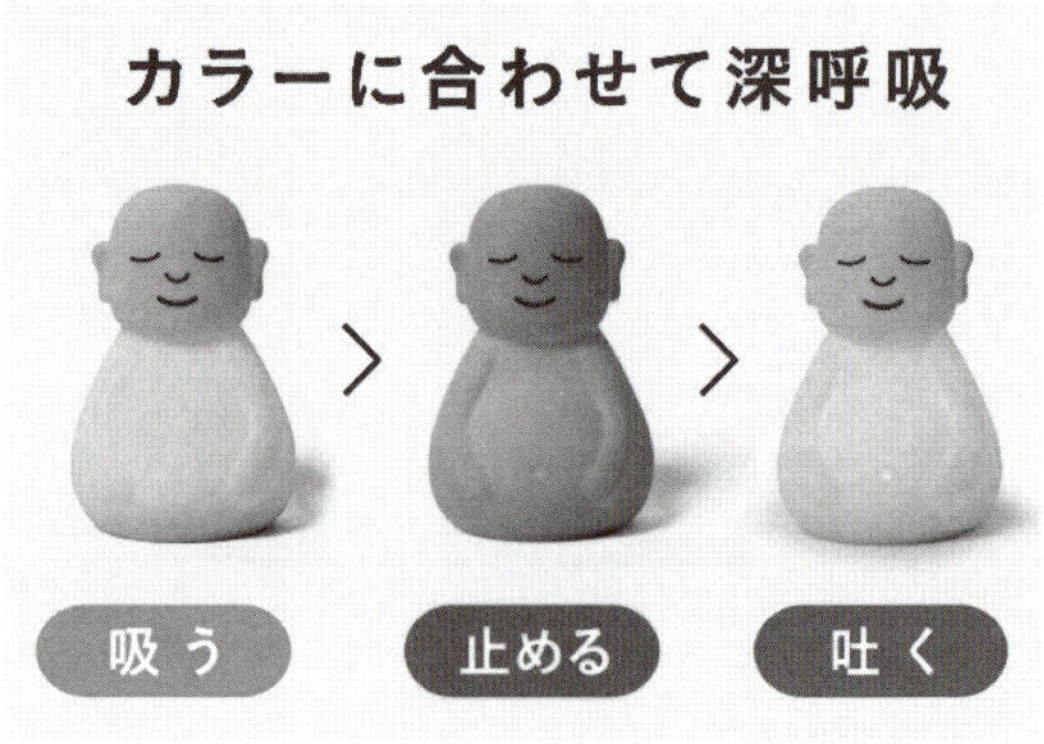

「Breathing Buddha」は、深呼吸を視覚的にガイドしてくれる、アメリカ発のマインドフルネスサポートグッズ

それでも嫌な気持ちやもやもやを引きずってしまう場合は、感情のリセットが必要になる。マインドフルネス（94ページ参照）や自律訓練法（98ページ参照）などを取り入れ、自身の別の感覚に意識を向ける行動を試してみよう。

マインドフルネスに役立つ便利なアイテムもある。

「Breathing Buddha」は、深呼吸を視覚的にガイドしてくれる、アメリカ発のマインドフルネスサポートグッズだ。デスクに置けるコンパクトサイズなので、職場でも利用できる。

使い方も簡単で、ブッダのカラーに合わせて、深呼吸するだけ。ブッダに意識が集中され、自然と呼吸に意識が向くようになる。

シリコン製なのでプニプニしていて触り心地がよく、デスクに置いておくだけでも癒やされそうだ。

ジャーナリングで状況を整理する

ジャーナリング（83ページ参照）は、ネガティブな情報を整理し、合理的な考えを取り戻すために役立つ。「部長が怒っていた」「つらい気持ちになった」「怒られたのはミスをした新人で、自分ではない」「つらい気持ちになったのは昔、父親から怒られたことを思い出したからかも？」「今、落ち込む理由はない」など思いつくままに書き出していく。

状況や感情を書き出し言語化していくうちに冷静さを取り戻し、自分が落ち込む必要はないことに気づけるはずだ。

アプリを使って嫌な気持ちを手放す

ネガティブ思考が習慣になっていて、自分だけの力では気持ちの切り替えが難しいときに、助けてくれる便利なアプリもある。

「神棚アプリ」のお祓い機能は、日々降りかかる悩みや煩悩、罪、穢などのつらい気持ちを書くことで、アプリがきれいさっぱり祓ってくれる。「人生を前向きにするためのお手伝いをする」というコンセプトに基づいて開発されており、ネガティブ思考を、自らの望みを引き寄せて願いをかなえていくポジティブ思考に変えていくサポートをしてくれる。

関係が修復する場面を学ぶ

ネガティブな感情に引きずられていると、「怒られていた」「ケンカをしていた」などショッキングな記憶だけが残りがちだ。けれども、人間関係には摩擦がつきものであると同時に、摩擦には解決する方法があり、関係は修復できる。人と人との関係が修復する場面に注目し、その方法を学んでいくことも大切だ。

たとえば、言い争いをしていた二人が仲直りしている場面や、叱られていた同僚が奮起して上司に褒められている場面を見ると、その後に同様のネガティブな場面を見ても、感情が引きずられにくくなる。

ネガティブな感情だけを切り取るのではなく、全体に注目し、客観的に経過を見守ることを意識してみよう。

「神棚アプリ」はネガティブ思考をポジティブ思考に変えていく手助けをしてくれる

劣悪な環境からは逃げてOK

発達障害の人の中には、「みんな我慢しているのだから」「自分が弱過ぎるんだ」などと考え、自分のつらい気持ちを抑えて、頑張り過ぎてしまう人も多い。

けれども、パワハラがあったり、怒鳴り声や罵声が飛び交っていたり、みんながイライラしていたり、安全を確保できない場所で、無理をする必要はない。

特にネガティブな刺激をキャッチしやすい人には、常にピリピリした職場環境は向いていない。「つらい」という気持ちを否定せず、劣悪な環境から逃げることも、時には大事な選択であることを忘れないでほしい。

繊細過ぎて人と付き合えない

対策

- 刺激を予測し回避する
- リラックスできている状態を知っておく
- マインドフルネスを取り入れる
- 自律訓練法を試してみる

事例

他人の会話や体臭、口臭など、さまざまなことが気になってしまう

電車に乗っているときや食堂でランチをとっているときなどに、周囲の人の自分とは関係ない会話が耳に入ってきてしまうことがある。悪口などのネガティブな会話を聞くと、自分も嫌な気持ちになりダメージを受けるので、その場を離れたくなるほどつらい。そのため、特に声が大きい人が苦手だ。

職場でも声が大きい人とは、できるだけ距離を取るようにしているが、「遠くて話が聞こえづらい」と思うらしく、わざわざ話をするために近づいてくる人もいて、思わず後ずさりしてしまう。

そのうえ、人の体臭や口臭がとても気になるので、職場の同僚と一緒に食事をしたり、給湯室や更衣室などの狭い場所で話をしたりするのも苦手だ。結果、あまり人と話さなくなってしまった。

付き合いにくい人だと思われているらしく、なかなか職場の同僚と親しくなれない。

原因

繊細過ぎるHSPかも

近年、**HSP**＝ハイリー・センシティブ・パーソン(Highly Sensitive Person)が注目されている。HSPはADHDなどの診断名ではなく、非常に繊細で敏感な人を指す心理学用語だ。医学用語ではないため、明確な診断基準などはないが、①考え方が深い、②刺激に敏感、③共感しやすい、④感覚が鋭いの4つの特徴があると考えられている。

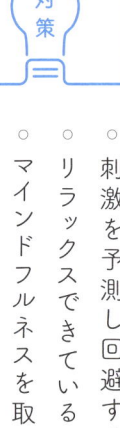

HSPの特徴

① 物事の考え方が深い

- 物事を深く考えるため、考え事をする時間が長く、じっくりと悩んでしまう
- 人に対する感受性も高いため、浅い人間関係は苦手

② 刺激に敏感

- 小さな刺激でもキャッチしがち
- パーティー会場や人混みなど、刺激が多い場所が苦手で、大きな音に過剰なほど敏感なので、外出すると気疲れしやすい

③ 共感しやすい

- 共感能力が高く、人の気持ちに引きずられやすい
- ニュースや映画などに感情移入し、不安になったり苦しくなったりする
- 人のしぐさ、目線、声色などに敏感で、相手の機嫌を気にし過ぎる傾向が強い

④ 感覚が鋭い

- 感覚が鋭く、強い刺激が苦手
- 他の人が気にならないことが、気になる
- 冷蔵庫のモーター音、時計の秒針の音など些細な生活音が気になったり、人の体臭や口臭、タバコ臭などで気分が悪くなったりする

HSPと発達障害の関連性

過剰に刺激を受けやすかったり、些細な刺激に反応したりするなど、**HSPの定義は、発達障害の特性と類似している部分が多い。**

発達障害の特性のひとつに、視覚・聴覚・嗅覚・味覚・触覚などの感覚過敏がある。HSPの人すべてに発達障害があるとは限らないが、HSPに当てはまる発達障害の人は少なくないと考えられている。たとえば、聴覚情報に過剰に反応し、一部の情報だけにとらわれてしまうところ（シングルフォーカス）は、発達障害と同様に中枢性統合能力の弱さによると考えられる。

こうした特性による失敗経験を積み重ねると、人との関係をネガティブに捉えがちになり、なおさら他人と距離を取るようになるという負のスパイラルが生じやすい。

解決法 刺激とうまく付き合おう

刺激を予測し回避する

さまざまなことが気になり毎日が苦しいなら、最も手っ取り早い対策は、**気になる刺激そのものを遠ざけること**だ。

自分がどのような場面で敏感に反応してしまうのかを知り、できるだけ自分が苦手な刺激を避けるための対策を立てよう。

たとえば、電車の中や街中で音の刺激がつらいなら、ノイズキャンセリングイヤホンを使用したり、自分の好きな音楽をヘッドフォンで聴いたりして、嫌な音を遮断するといい。

また、においが苦手ならマスクを使う、周りが見え過ぎるならサングラスをかけたり、眼鏡の度を下げたりなど工夫してみよう。

周りの人に協力してもらう

会話時の距離については、「感覚が過敏で、人に近寄るのが苦手なんだ」などと、相手に自分の特性を伝えて協力してもらうほうがいい。

そのうえで、メールやメモなどを使い、丁寧にコミュニケーションを図るようにしよう。

リラックスできている状態を知っておく

刺激に対する過剰な反応を抑えるためには、マインドフルネスや自律訓練法（98ページ参照）などを利用し、**自分のリラックスした状態を認識する**ようにしよう。

他にも繊細な感覚を利用し、アロマオイルなどを使って嗅覚からリラックスする方法もある。なるべく刺激が少ない自宅などで、試してみよう。

実際に自分がリラックスできている状態を知っておくと、刺激に敏感に反応しているときに、リセットしやすい。

マインドフルネスを取り入れる

マインドフルネスは仏教などの東洋思想にルーツを持ち、日本では瞑想と呼ばれてきた方法だ。さまざまな刺激から自分を切り離し、今この瞬間に注意を傾け一点に集中することで不安を軽減し、ストレスを緩和する。また、集中力を増すためのテクニックとしても使われている。意識を傾け集中する対象は何でも構わないが、手軽に行えるのは、自分の呼吸に集中する方法だ。具体的には次のような手順で行う。

①背筋を伸ばして座る。目は軽く閉じる
②ゆっくり呼吸し、息を吸ったときにおなかや胸がふくらむのを感じる
③息を吐いたときに、おなかや胸が縮むのを感じる
④雑念が浮かんできた場合も、雑念を受け止め、再び呼吸に意識を戻す

最初は1日2～3分行い、慣れてきたら徐々に時間を延ばしていく。食事の際に食べ物に意識を集中する、自分の手のひらをじっと見つめてみるなど、集中する対象を変えてもOK。自分の好きなプラモデルやフィギュアなどを観察してもよい。

職場ではイライラしそうなときに、床の木目や天井のシミなどを観察すると、気分転換ができイライラが抑制される。発達障害の特性であるシングルフォーカスを十

マインドフルネスのやり方

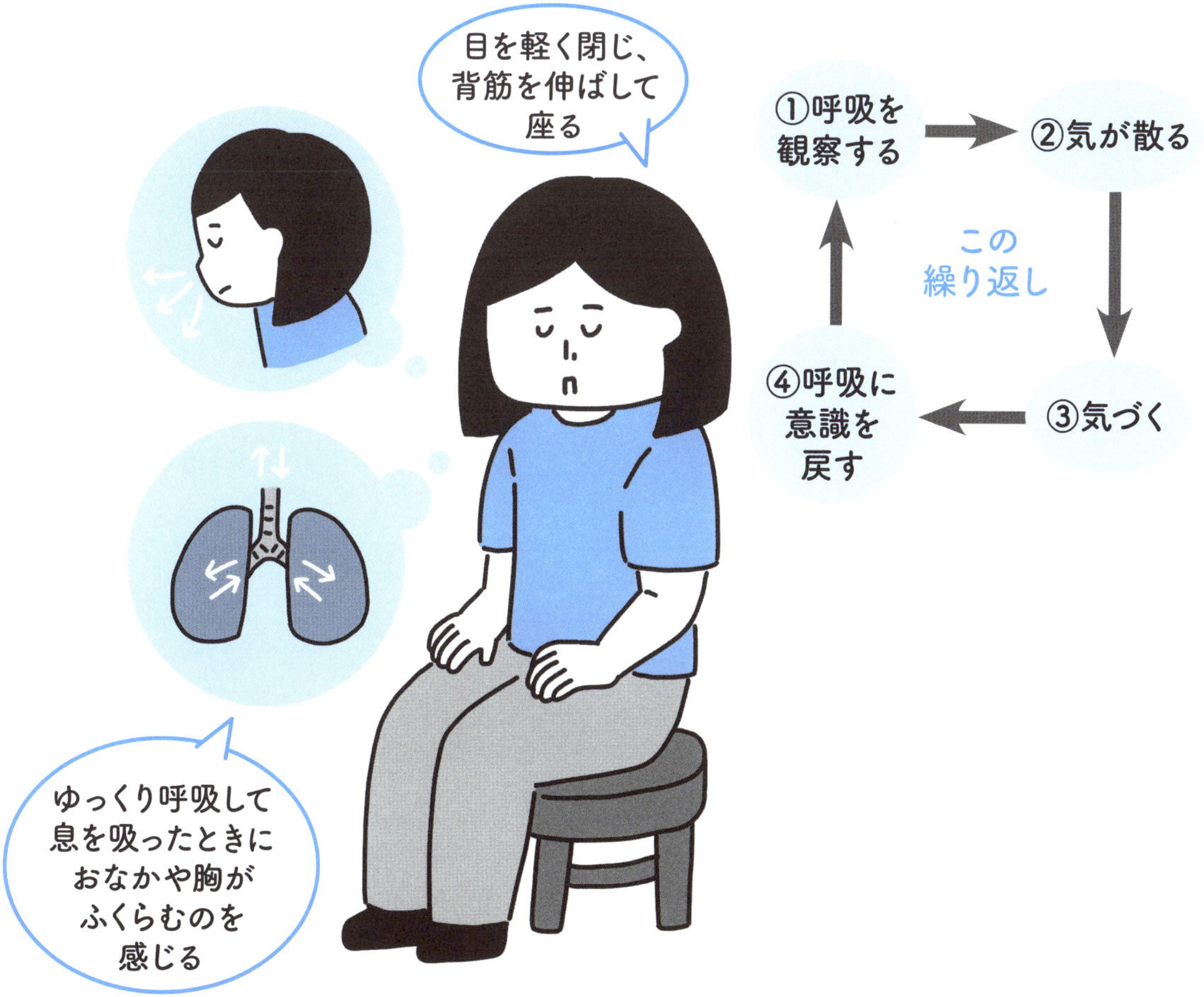
目を軽く閉じ、背筋を伸ばして座る
ゆっくり呼吸して息を吸ったときにおなかや胸がふくらむのを感じる
①呼吸を観察する
②気が散る
③気づく
④呼吸に意識を戻す
この繰り返し

自律訓練法のやり方

事前にトイレに行っておく。アクセサリーや眼鏡などを外し、体を締めつけない服に着替える

できるだけリラックスできる姿勢（仰向けに寝る、背もたれのある椅子にもたれかかるなど）を取り、目を閉じる

ゆっくり呼吸しながら、「気持ちが落ち着いている」と心の中でゆっくり繰り返しつぶやく

ステップ4

「右手が重たい」と繰り返し心の中でつぶやきながら、右手に集中し、右手の重みを感じていく。その後、「左手が重たい」「右足が重たい」「左足が重たい」の順番で重みを感じていく

ステップ5

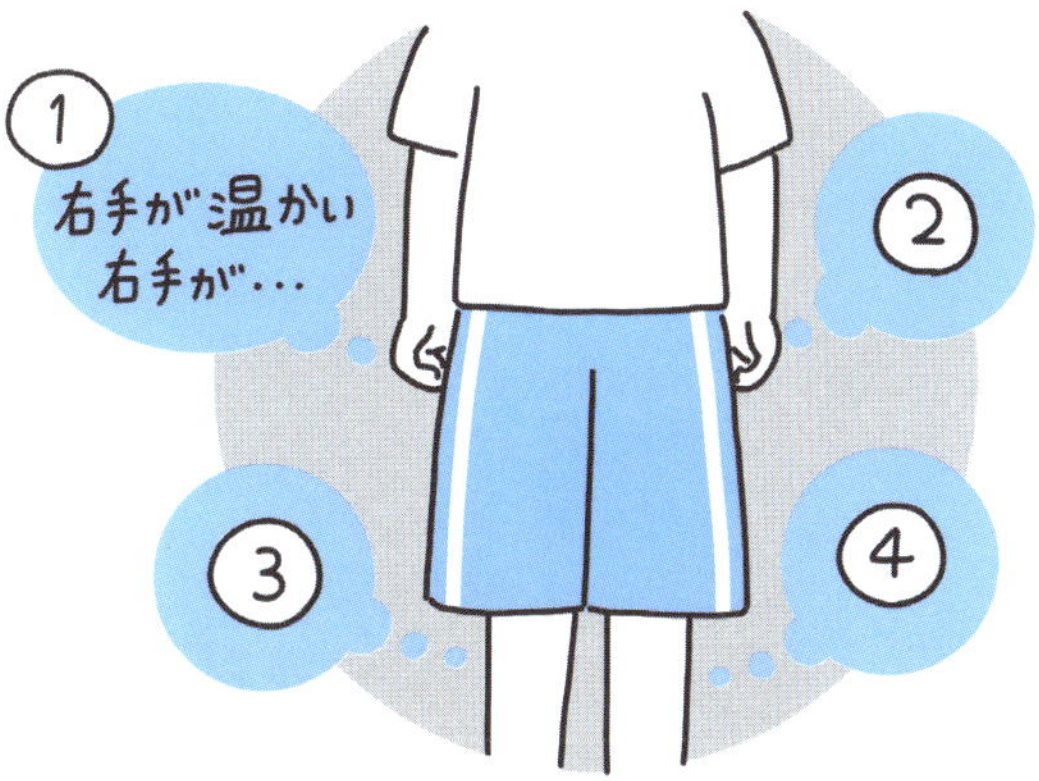

左右手足が終わったら、再び右手に集中し、「右手が温かい」と繰り返し心の中でつぶやきながら、右手の温かさを感じていく。その後、「左手が温かい」「右足が温かい」「左足が温かい」の順番で温かさを感じていく

ステップ6

仰向けに寝ている場合、そのまましばらく寝ていても構わない。起き上がる（立ち上がる）場合は、両手を強く握ったり開いたりした後、両手を組んで大きく伸びをし、体をほぐしてから終了する

分に活かせ、さまざまな状況で活用できる。

自律訓練法を試してみる

自律訓練法は、ドイツの精神科医シュルツが1920年代に考案した、一種の自己催眠法だ。自律神経系の働きが悪くなったために起こる不眠や食欲不振、便秘や下痢などのさまざまな症状や、不安や緊張状態を軽減するために、自己暗示により硬くなった筋肉をほぐし、中枢神経や脳の機能を正しく整えていく。主に心療内科や精神科などで行われているが、自宅や職場でも手軽に試せるので、世界中で活用されている。

具体的には次の手順で行う。

①事前にトイレに行っておく。アクセサリーや眼鏡などを外し、体を締めつけない服に着替える

②できるだけリラックスできる姿勢（仰向けに寝る、背もたれのある椅子にもたれかかるなど）を取り、目を閉じる

③ゆっくり呼吸しながら、「気持ちが落ち着いている」と心の中でゆっくり繰り返しつぶやく

④「右手が重たい」と繰り返し心の中でつぶやきながら、右手に集中し、右手の重みを感じていく。その後、「左手が重たい」「右足が重たい」「左足が重たい」の順番で重みを感じていく

⑤左右手足が終わったら、再び右手に集中し、「右手が温かい」と繰り返し心の中でつぶやきながら、右手の温かさを感じていく。その後、「左手が温かい」「右足が温かい」「左足が温かい」の順番で温かさを感じていく

⑥仰向けに寝ている場合、そのまましばらく寝ていても構わない。起き上がる（立ち上がる）場合は、両手を強く握ったり開いたりした後、両手を組んで大きく伸びをし、体をほぐしてから終了する

最初は自分の部屋やベッドなど、できるだけ静かでリラックスしやすい環境で試してみよう。慣れてくると、ちょっとした仕事の合間や通勤の電車やバスの中でもできるようになるはずだ。

第4章

「生活の乱れ」を何とかしたい！

なんとなく調子が出ない毎日……

食べ過ぎや偏食で食生活が乱れていたり、体がかゆくなるほど部屋が不潔だったり、薬を飲み忘れたり……。そんな生活の乱れから、なんとなく調子が出ない、いつも体調が悪いなら、自己管理の方法を考えてみよう。

ダメだとわかっていても食べ過ぎてしまう

対策

- 食後、すぐに歯を磨く
- 体脂肪や内臓脂肪を毎日チェックする
- 食事のデータをアプリで管理して振り返る
- スマホのアラーム機能で食事の時間を管理する

事例 ついつい食べ過ぎてしまい、ダイエットができない

ダメだとわかっているのに、気がついたら食べ過ぎてしまっている。フライドポテトやから揚げなどの脂っこい食べ物が大好物で、甘いものにも目がない。せめて間食はやめようと心に誓っても、誘惑に負けてコンビニスイーツを買ってしまう。

体重が増えてきたので、ダイエットをしなくてはと思い、ご飯を少なめにすると満腹感が得られず、もう少し食べたくなる。

結局、食後にスナック菓子などに手が伸びてしまう悪循環。食べた後に罪悪感を覚え、「どうして我慢できないんだろう」「ダメな人間だなぁ」と自分を責めている。

体重もどんどん増え続けるので、何とかしたい。

原因 衝動的に行動してしまうので、欲望を抑えるのが難しい

我慢することが苦手なADHDの人は、自分の欲望を抑えるのが難しく、ついつい食べ過ぎてしまう。「食べ過ぎちゃダメ」「ダイエットしなければ」と頭ではわかっていても、フライドポテトやスイーツなど好きなものを目の前にすると、食べたいという欲求がコントロールできずに、衝動的に食べてしまう傾向が強い。

なかなかダイエットが継続できないのは**報酬系**という脳の機能が関係するといわれている。報酬系とは、やる気をつかさどる神経のメカニズムのこと。何か行動したことでよい結果が得られると、う

れしかったりワクワクしたりして、「また次もやるぞ」「頑張るぞ」というモチベーションが高まる。

これは、うれしいことがあるとドーパミンが分泌され、その結果ドーパミンの放出を再び求めて、脳が同じことをやりたくなるという報酬系のメカニズムが働くからだ。脳が報酬（快感）を認知、予測することで、計画的に活動したり、目的に向かって努力したりと、行動を制御できる。たとえば、「今この仕事をやれば、週末に休める」「上司に褒められる」などと予測することで、苦手な仕事を先延ばしにせず、頑張れるのだ。

ADHDの人は**報酬系の機能が弱い**ため、充足感が不十分で、報酬の強化が十分にできないのではないかと考えられている。長期的な報酬を目標に努力するのが難しいため、待ったり、計画を立てたりすることが苦手で、すぐに快感を得られる目先の欲望を優先して

報酬系による、やる気の好循環のメカニズム

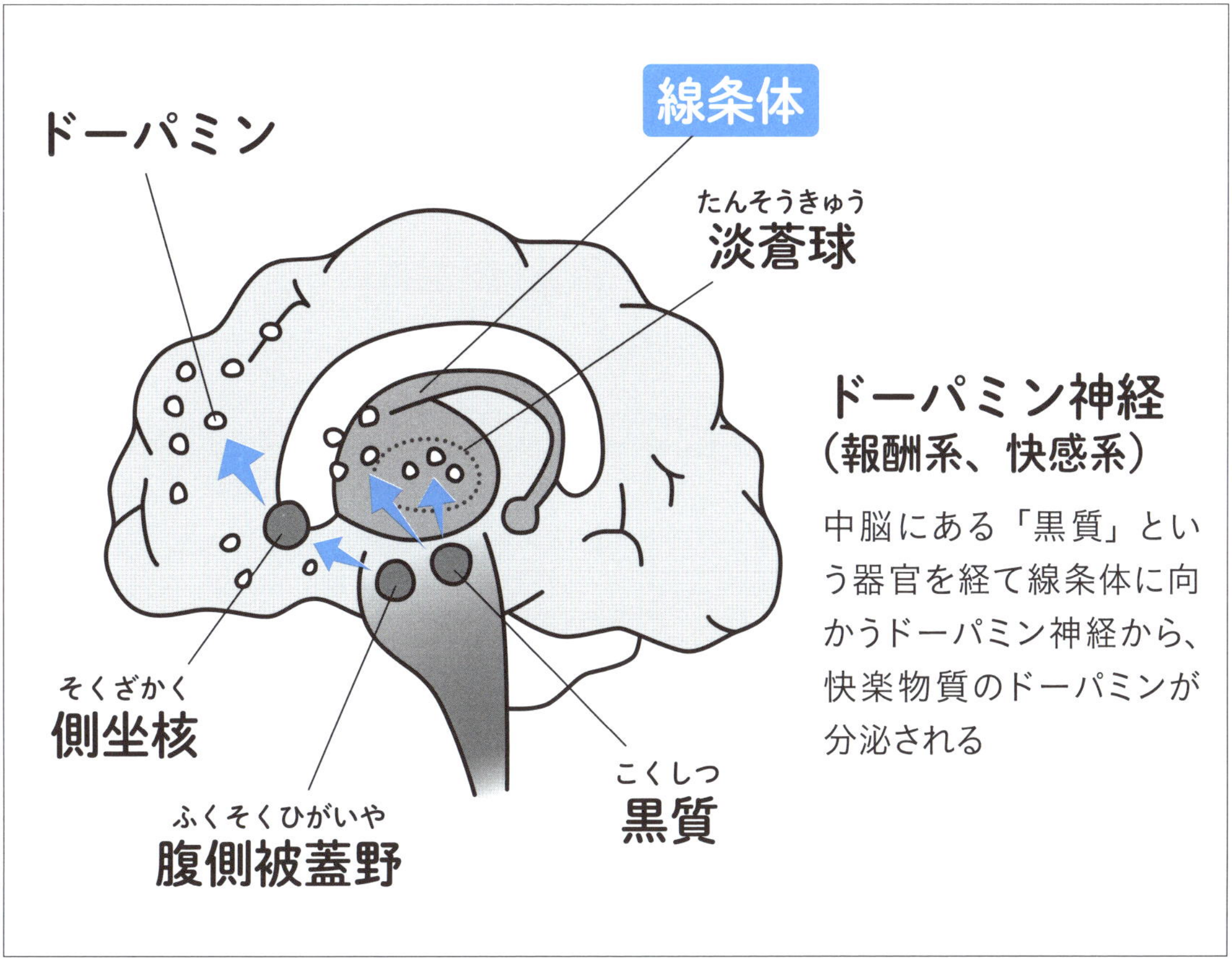

しまう。

つまり、コツコツ努力することで達成できる、やせるという大きな効果よりも、目の前の「おやつを食べたい」という小さな欲望を優先してしまいがちなのだ。

特に、日々のストレスが強いと、食べることでフラストレーションを発散し、一時的には快楽を得ても、あとで反省し自責の念に駆られるため、結果的にストレスは解消されないという悪循環に陥ってしまう。こうした悪循環のパターンが生活のQOLを下げてしまうことを知っておこう。

解決法　自分の行動を制御する方法を考える

食後、すぐに歯を磨く

食後についついスイーツを食べ過ぎたり、スナック菓子やジュースなどに手が伸びてしまったりする場合は、**食事が終わったらすぐに歯を磨く習慣をつけてみよう。**

歯磨きには、脳に食事が終わったことを伝え、空腹感を抑える役割があるといわれている。たとえ何か食べたくなっても、「歯を磨いたばかりだから」「もう一度、歯磨くのは面倒」などと、食べることを躊躇するストッパーとなる。

毎食後すぐの歯磨きを習慣にすれば、空腹感をコントロールできるようになる。間食がやめられない場合も、食べたくなったら、まず歯を磨いてみよう。

体脂肪や内臓脂肪を毎日チェックする

ADHDタイプの場合、漠然と「やせよう」と思っているだけでは、ダイエットが難しい。まずは**自分の状況をできるだけ具体的に把握することが**重要なポイントだ。
できれば**毎朝・毎晩、ヘルスメーターに乗る習慣をつけよう。**おすすめのヘルスメーターはタニタの「体組成計BC-723」だ。体重だけでなく、体脂肪率、筋肉量、内臓脂肪レベルのほか、推定骨量までチェックできる。体脂肪や内臓脂肪の変化を可視化することで、食べ過ぎにブレーキをかけられるようになる。

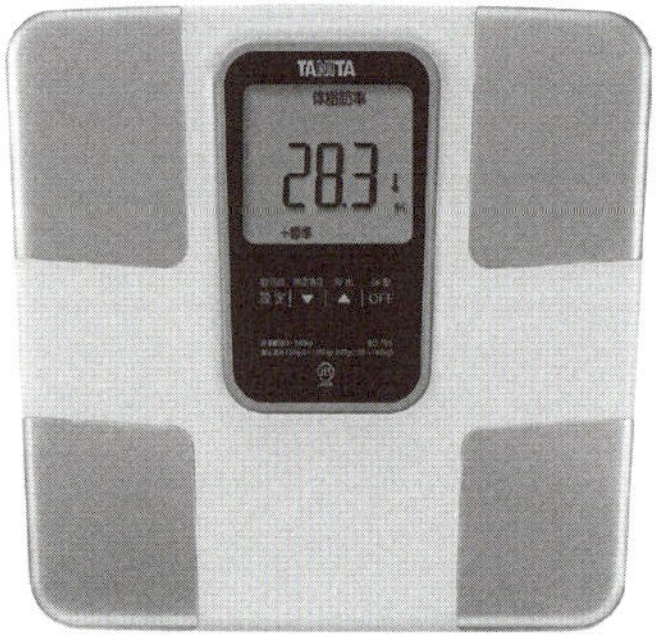

タニタ「体組成計BC-723」
出典：タニタHP
URL：https://www.tanita.co.jp/product/bodycompositionmonitor/1892/

食事のデータをアプリで管理して振り返る

毎回の食事を食べ過ぎてしまったり、糖分や脂肪分の高いものばかり食べていたり、間食が多かったりと、食生活に明らかに問題がある場合、まずは自分の食生活を客観的に見直すことからスタートしよう。

特に発達障害の人は、曖昧な状況でモチベーションを持つことが難しいため、まずは、**自分の食生活のどこが問題なのかを可視化してみること**が重要だ。だからといって、あまり手間がかかり過ぎると三日坊主で終わってしまうので、簡単に記録できるスマホアプリなどを活用しよう。

たとえば、健康管理アプリの「カロミル」は、写真を撮るだけで簡単に毎日の食生活や体重などを記録してくれる。アプリを立ち上げるとAIが解析し、自動でエネルギーや糖質などの栄養素を計算してくれる。加えて、食事、運動、属性、アプリの起動状況など、約50項目から推察し、3カ月後の体重を予測してくれる。

また、ダイエットアプリの中でもダウンロード数ナンバーワンを誇る「あすけん」は、朝昼晩&おやつに食べたものを記録していくだけで、専属の管理栄養士が正しい食生活と運動量をアドバイスしてくれる。体重を記録すれば変化をグラフで示してくれるだけでなく、目標体重を入力すると、基礎代謝を自動で算出してくれる。目標カロリー内に食事量を収めれば、いつ目標体重になれるのかを予測してくれるので、モチベーションが高まる。

カロリー計算だけでなく、タンパク質、脂質、炭水化物などの栄養バランス（PFCバランス）もチェックしてくれる。足りていない栄養素がわかるため、健康的にやせるための参考になる。さらに、持ち歩くだけで歩数が記録できるのもうれしい。

アナログ派におすすめの食事記録ノート

「アプリは苦手」「アプリが増える一方なので、使いたくない」というアナログ派におすすめなのが、

Sunノートの『食事記録ノート』だ。B6サイズのペーパーバックで、300日分の朝・昼・晩の食事を記録できるシンプルなノートだ。食事の内容を書き込むだけでなく、メモスペースに「飲み会」「上司とランチ」などその日の予定を書き込んだり、「朝が遅かったので昼食抜き」などを特記しておける。

記録する習慣をつけることで暴飲暴食を控え、自分の食生活を客観的に把握し、管理する意識が生まれやすい。

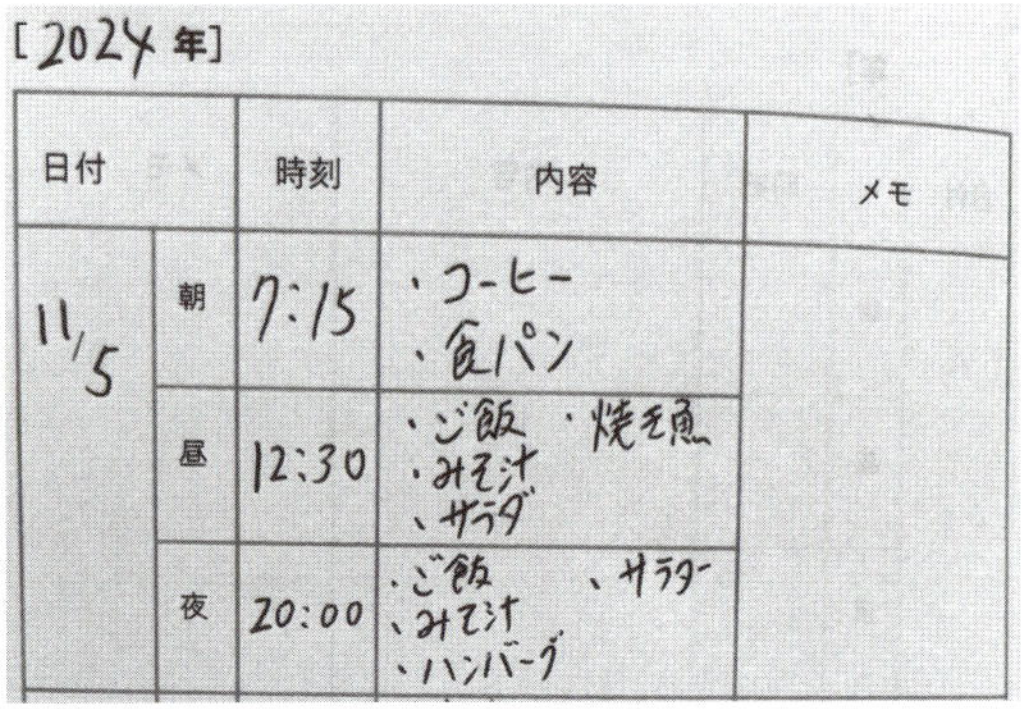

[2024 年]

日付		時刻	内容	メモ
11/5	朝	7:15	・コーヒー ・食パン	
	昼	12:30	・ご飯 ・焼き魚 ・みそ汁 ・サラダ	
	夜	20:00	・ご飯 ・サラダ ・みそ汁 ・ハンバーグ	

『食事記録ノート』（Sunノート：著）

スマホのアラーム機能で食事の時間を管理する

ダラダラといつまでも食べていたり、間食が多かったり、そもそも食生活のリズムが整っておらず、朝・昼・晩と食事をする習慣ができていない場合は、**食事の時間をスマホのアラーム機能などで管理してみよう**。朝・昼・晩の食事の時間を決めてスケジューリングし、開始時間と終了時間をアラームやタイマーなどでセットする。

できれば朝・昼・晩と毎日同じ時間に規則正しく食事をとるのが望ましいが、仕事や習慣の関係から難しい人もいるだろう。そんな場合でも、できるだけスケジュールを決め、スマホや動画を見ながらの「ながら食べ」や、ダラダラ間食をやめるだけでも、多少のダイエット効果が期待できるらしいので、試してみる価値はあるだろう。

食事の開始時間と終了時間をアラームなどでセットする

食事を管理できるアプリ

健康管理アプリ「カロミル」

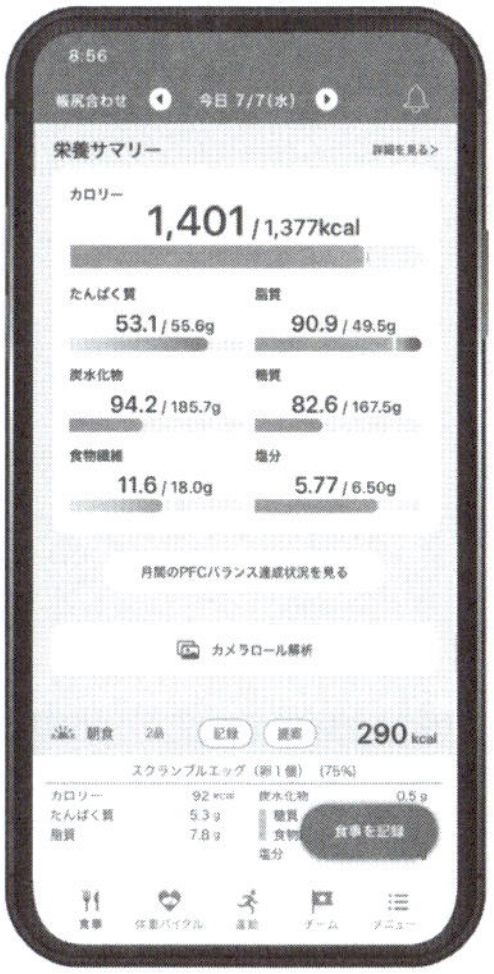

写真を撮るだけで簡単に記録できる

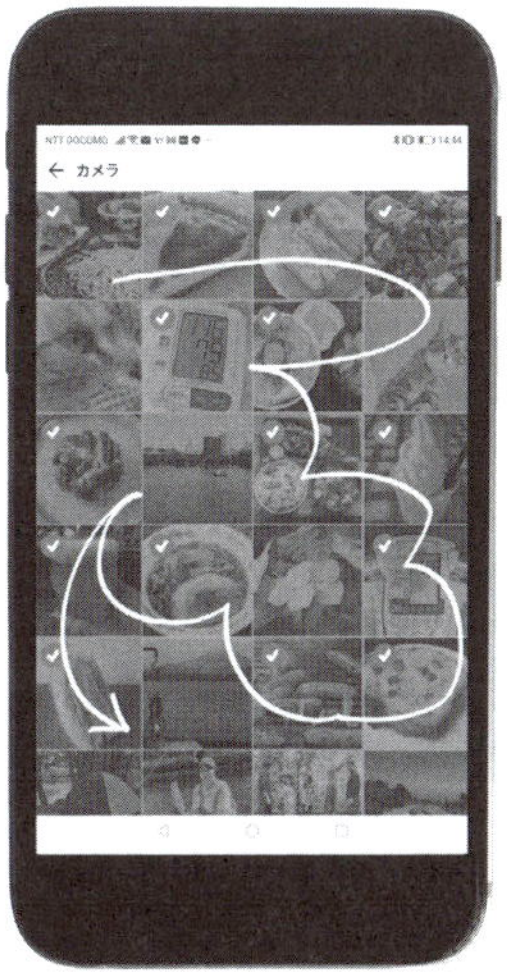

AIがカメラロールから「食事」と「バイタル」の画像だけを自動解析してくれる

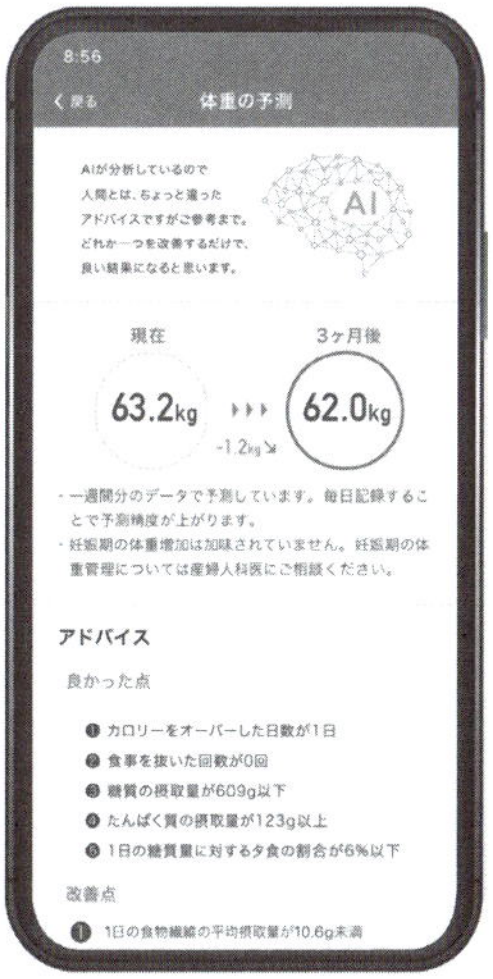

AIで3カ月後の体重予測もできる

出典：カロミルHP　URL：http://www.calomeal.com/about-calomeal/

ダイエットアプリ「あすけん」

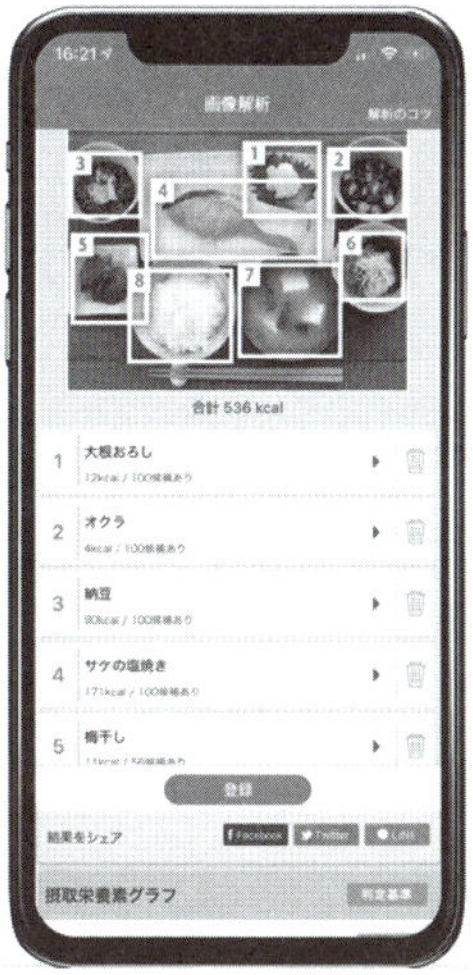

食事の写真や食品のバーコードを撮るだけで記録できる

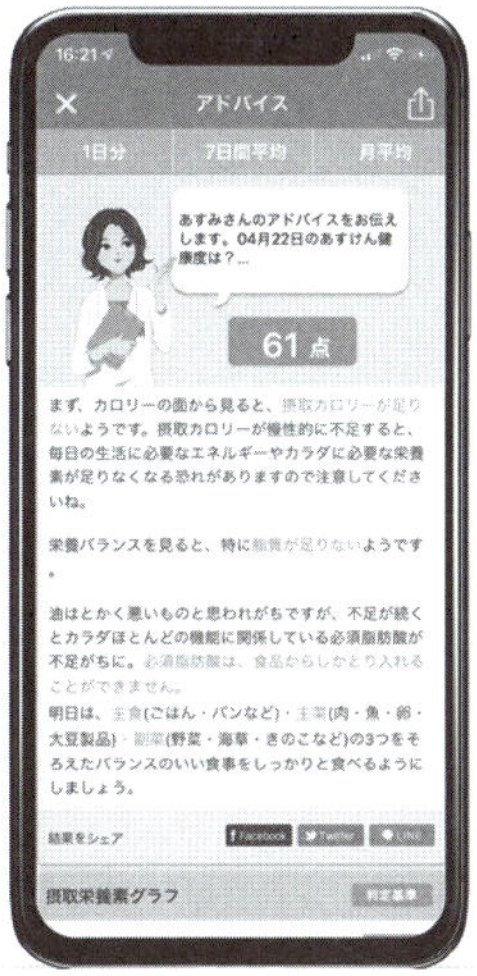

食事を記録すると栄養士からアドバイスが届く

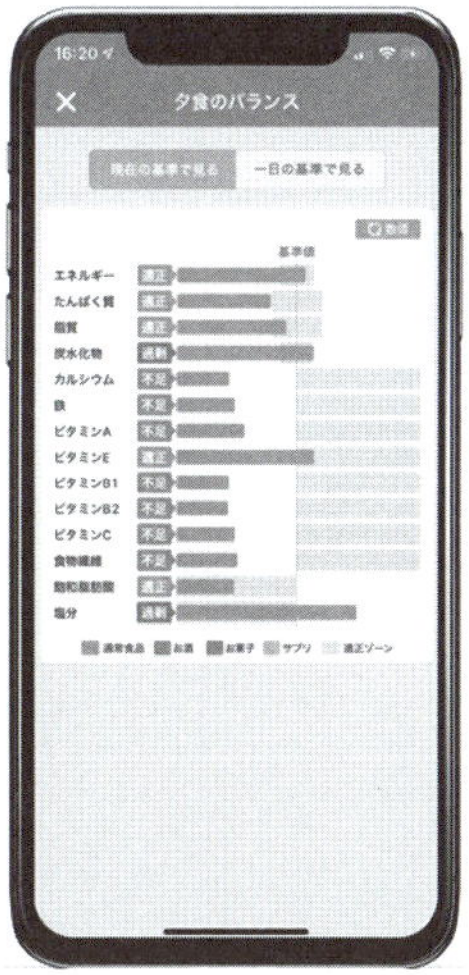

カロリーと各種栄養素14項目の過不足がグラフでチェックできる

食生活が偏っていて栄養バランスが悪い

対策

- 足りない栄養素を知り、対策を考える
- アプリを使って食材や献立を管理する
- 食材の管理を「見える化」する
- 宅配サービスや冷凍食品を活用する

事例

偏食で同じものばかり食べている

最近、一人暮らしを始めたが、いつも同じものばかり食べている。そもそも子どもの頃から、偏食がひどく、肉も魚も野菜も食べられるものが少ない。

家族や周りの人から「ちゃんと野菜も食べなさい」などと指摘されても、食感が嫌いだったり、においがダメだったりするので、食べられない。ときどき、肉や野菜が実家から送られてくるが、冷蔵庫に入れたまま、ムダにしてしまうことが多い。

体調を崩すこともあり、「ちゃんと栄養バランスを考えるように」とアドバイスされるのだが、なかなか他のものを食べる気にはならない。何とかしたほうがよいのだろうか。

原因

感覚の過敏が偏食の原因になる

感覚の鋭さから、食感、食べ物の見た目や食べたときの音、味覚などが苦手で、食べられるものが限られてしまう人がいる。ウリ科がダメ、ネギ類がNG、肉の脂で気持ちが悪くなるなど、人によって苦手な食品もさまざまだ。

口の中の感覚が過敏で「コロッケの衣がとげのように痛い」「キノコを噛んだ感触が気持ち悪い」という人や、聴覚が過敏で「ものを噛む音が不愉快で耐えられない」という人、嗅覚が過敏で「お米を炊くにおいで気分が悪くなる」人もいる。

また、**想像力が特異**で「はじめ

ての食材や料理は、口に入れたときのイメージがわかないので怖い」「赤い食べ物は気持ちが悪い」などのこだわりがあり、生理的に受けつけられない場合もある。

感覚過敏よりも理解されづらく、単なる思い込みやわがままと捉えられがちだが、決してそうではない。たとえば、「昆虫食が苦手」「昆虫は食べたくない」という人をイメージしてほしい。それは思い込みやわがままだろうか。

生理的に受けつけられるかどうかは、個人や文化によって異なるのは当然だ。ASDの人のこだわりは決して病気ではなく、個人にとって大事な価値観に基づく慣習なのだ。もとよりASDの人は、特に自分の価値観やルールを大事にして生活するほうが安心できる傾向が強い。

それにもかかわらず、給食や会食で無理やり苦手なものを食べさせられた経験がトラウマになり、

偏食の原因になる2つの要素

「同じものしか食べたくない」ということだわりが強化されてしまったり、食べること自体に関心が持てなくなったりするのは、残念なことだ。

その他、ADHDの**衝動性**から栄養バランスなどを考えて計画的に食事の準備をするのが苦手で、菓子パンなど自分が好きなものや食べたいものに飛びついてしまうこともある。

特に、**実行機能**という力が弱い場合、「献立を考え」「食材を買い」「調理・調味を考え」「段取りを考え」調理をしたり、賞味期限などを参考にして計画的に食材を使用したりすることが難しい。そのため、買い物や料理が苦手だったり、献立を考えるのが億劫だったりし、ついついおにぎりや菓子パンなど、単品でおなかがいっぱいになるものに頼ってしまう人もいる。

せっかく買ったり、家族から送られてきたりしても、食材を冷蔵

実行機能が弱いと食事の支度が難しい

庫でダメにしてしまう人には、実行機能が弱いタイプが多い。

解決法 自分の食事の状態を客観的に把握しよう

栄養バランスのよい食事をとるに越したことはないが、偏食は食品アレルギー同様、体質の問題であることも多く、無理して食べると拒絶反応から嘔吐したり、トラウマになってしまったり、食事への嫌悪感が増してしまうリスクもある。一方で、感覚の過敏さやこだわりは年齢とともに和らぐ場合も多い。

まずは、偏食の理由を探り、野菜の食感が苦手なのであればペーストにする、柔らかくなるまで煮込むなど、**食べられる調理法を考えてみよう。**また、未知のものへの恐怖心であれば、あえて自分で調理をしてみるのもおすすめだ。

体に必要な五大栄養素

できることから少しずつ試してみよう。

足りない栄養素を知り、対策を考える

対策を立てるためには、**自分に足りていない栄養素が何なのかを知ること**が大事だ。まずは体に必要な五大栄養素を把握しておこう。「カロミル」や「あすけん」などのアプリを使ったり（103ページ参照）、ネットで検索したりして、普段の食生活で何が一番足りておらず、どんなリスクがあるのかを把握しよう。

何が足りないのかがわかったら、具体的な対策を立てられる。たとえばビタミン不足だった場合、スムージーや野菜ジュース、サプリメントなど、食事以外で補給できる方法もある。また、タンパク質が不足しているならサラダチキンやハム、ちくわ、豆の缶詰など、簡単に口にでき、栄養補給できる食べ物もある。

保存の利く食品ならストックしておき、おにぎりや菓子パンにプラス一品を試してみよう。

アプリを使って食材や献立を管理する

「自炊はしたいけれど、毎日献立を考えるのが面倒」という人におすすめしたいのが、AIが献立をサポートしてくれる便利なアプリ「me:new（ミーニュー）」だ。me:newとは、「私だけ（me）の新しい（new）メニュー」という意味の造語。

前もって家にある食材をチェックし、AIの協力を得て1週間の献立を決めれば、買い物リストが自動で表示される。効率よく買い物もできるので、時間もお金も節約できる。さらにカロリーや塩分なども示してくれるなど、便利な機能もある。

家族で共有することもできるの

「me:new（ミーニュー）」なら1週間の献立を考えてくれる

で、家事を分担する場合にも使えるアプリだ。

食材の管理を「見える化」する

冷蔵庫の中にある食材を忘れて買い過ぎてしまったり、ダメにしてしまったりすることが多い人は、付箋やマグネットを使い、**冷蔵庫の中にある食材を「見える化」して管理する**方法もある。「キャベツ」「トマト」「野菜ジュース」「ヨーグルト」など、冷蔵庫にある品物をリストアップし、付箋やマグネットを使い扉に貼っておくだけだ。

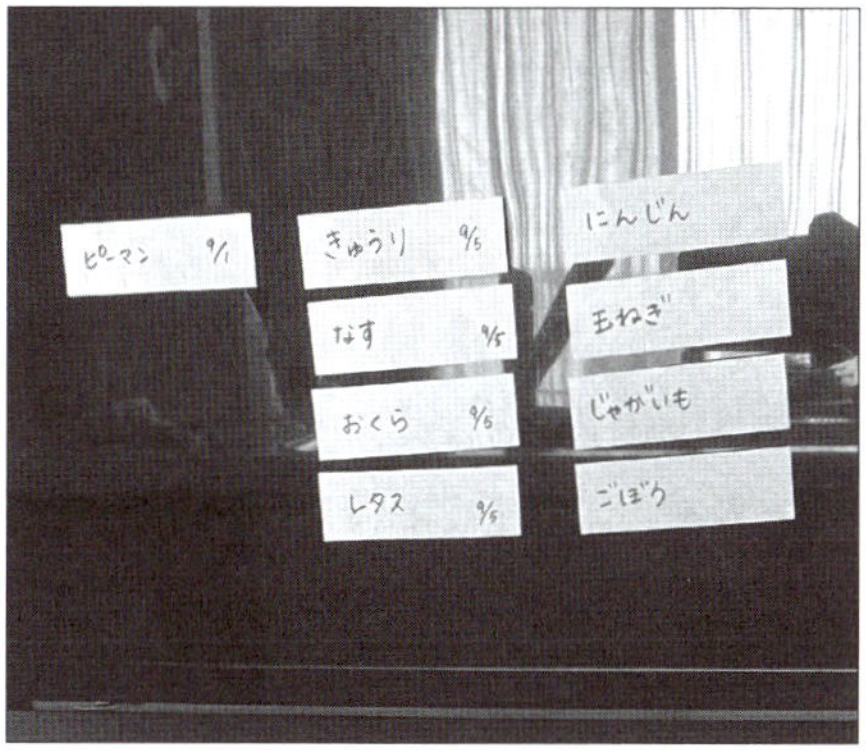

付箋やマグネットを使って冷蔵庫の中にある食材を「見える化」する

新たに買い物をしたときに貼り、使い切った食材を外すだけなので、管理が簡単。冷蔵の中をわざわざ開けて探さなくても買い置きしている食材が一目でわかるので、アナログ派にはおすすめの方法だ。スマホで写真に撮っておけば、ストックしていない食材もわかるので、つい、うっかりを予防でき、効率的に買い物ができる。

宅配サービスや冷凍食品を活用する

最近では、栄養バランスを考えた食事を届けてくれる宅配サービスも増えてきた。たとえば「nosh（ナッシュ）」は、手軽で便利な冷凍弁当を届けてくれるサービスだ。

また、コンビニやスーパーなどでも栄養バランスに力を入れ、偏りがちな栄養素をしっかり摂取できる、さまざまな冷凍食品やレトルト食品などが、競って開発されている。

中には一人暮らしの人をターゲットにしたワンコインのものや、冷凍してストックしておけるおかずを電子レンジでチンするだけの便利なものもあるので、活用しよう。

「nosh」の宅配食

部屋が汚過ぎて体調が優れない

対策

- 掃除の手順を「見える化」する
- アプリを使って掃除を管理する
- できている自分を褒め、ご褒美を設定する
- アプリを使って仲間で励まし合う

事例　片づけが苦手で汚部屋状態が改善できない

　とにかく片づけが苦手。使ったものを元の場所に戻さないので、気づくと机の上や床など至るところに荷物が積み上がっている。ゴミを捨てるのも忘れてしまうので、ティッシュやお菓子の袋、カップラーメンの容器などが散乱し、部屋はいつも散らかっている状態。不潔にしているから、畳や布団にカビが生えたこともあった。

　ハウスダストやダニなどが原因なのか、いつも体がかゆい。眠れないこともあるし、何だか体調が優れない。

　さすがに掃除をしたほうがいいと思ってはいるけれど、散らかり過ぎていて足の踏み場もなく、そもそも掃除機がかけられない。せめて掃除機がかけられるように、床を片づけようとしても、何を捨てるべきなのか、どこに置けばいいのか悩んでしまう。結局、面倒になり、いつも挫折してしまう。何とかしたいと思っているが、糸口が見つからず途方に暮れている。

原因　実行機能が弱いため掃除や片づけができない

「掃除ができない」「片づけられない」「整理整頓が苦手」などは、**実行機能の弱さ**が原因で、ADHDの代表的な特性のひとつとして知られている。

　掃除をするためには、どこから掃除をしたら効率的か優先順位を考え、計画的に進める必要がある。たとえば、「①まずゴミを捨てる」「②床に散らばった本などは、い

ったん机の上に置く」「③掃除機をかける」「④机の上のものを、元の場所に戻す」などと計画し、順番に実行していかなければならない。ところが、ADHDの人は**情報を整理し計画を立てるのが苦手**なため、どこから手をつけていいのかわからない。

何かの作業をするときに必要な情報を記憶から取り出し保持する**ワーキングメモリ**（作業記憶）も、掃除を苦手とすることに影響している。ワーキングメモリが弱いと、取りあえず片づけを始めたとしても、どこに何をしまったのかを覚えていなかったり、掃除や片づけの手順を忘れて、途中で何をしていいのかわからなくなったりするのだ。

また、本棚にマンガを片づけようとしてついつい読みふけってしまったり、他のことに気を取られて進まなくなったりする場合もある。

せっかく一念発起して片づけ始めても、挫折することが多いので、ますます掃除や片づけが億劫になり、汚部屋やゴミ屋敷状態になるまで放置してしまう人が多い。

解決法　掃除や片づけはスモールステップで

実行機能が弱い人にとって、部屋全体の片づけは、工程が多過ぎるため、挫折する可能性が高い。まずは**スモールステップ**で、机の上、ベッドの周りなど、限定された区画だけ片づけてみよう。

その際には、ゴミの分別が最初のハードルになるので、捨てるかどうか迷うものを入れておく箱を用意しておこう。思い出の品や書類などは、ひとつひとつ確認しながら判断するとキリがなく時間がかかるので、取りあえず箱に入れ、後回しにするほうがよい。

掃除の手順を「見える化」する

なんとなくスタートすると、何から手をつけていいのかわからなくなってしまいがちなので、**あらかじめ、掃除や整理整頓の手順を決めておこう。**

その際には、タスクをいくつかに分けて、①ゴミを捨てる、②掃除機をかける、③拭き掃除をする

片づけの手順は箇条書きにする

片づけ前。堆積した持ち物が地層のように

- 雑多に散らばっているトレカを集める
- 使っていないトレカケースを用意する
- トレカをトレカケースにまとめる

- トレカ関連品を集める
- 棚の段を1つあける
- トレカ関連品をまとめて収納する

- キャラクターグッズや思い出の品を集める
- 大切なものをまとめておく引き出しを用意する
- 中古品買取りのレシートや感情の整理をしたノートを集める
- 大切なものを入れておく引き出しにしまう

- CDやゲームソフトを集める
- 机の上の段に収納する
- 見やすく整理する
- 必要なときに取り出しやすくする

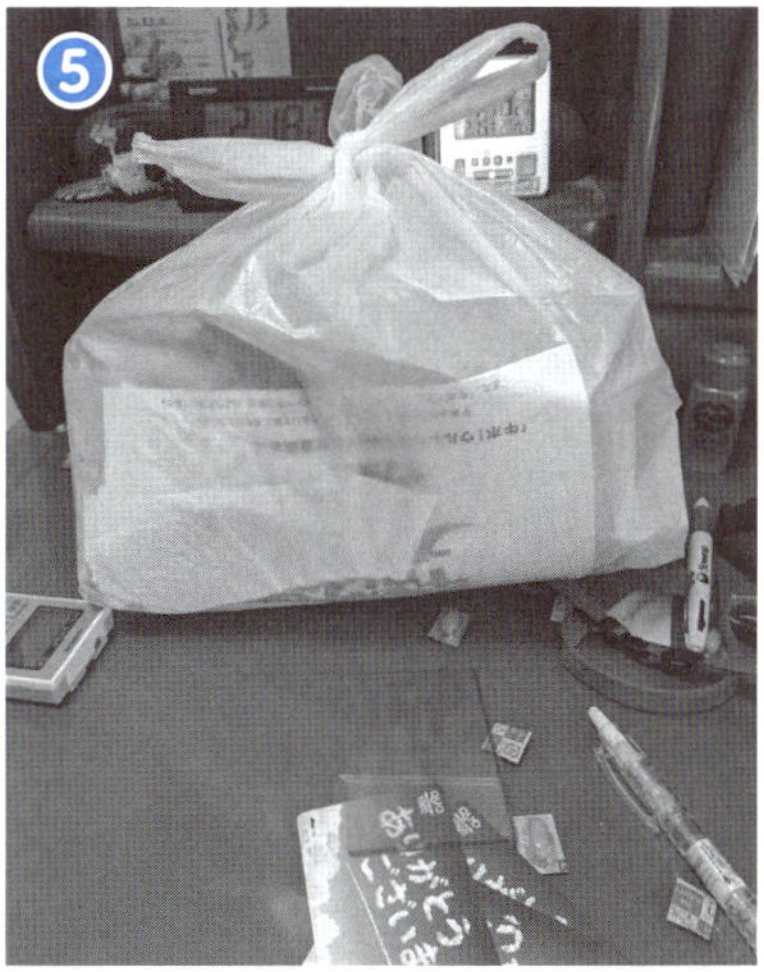

- 役目を終えた古い書類を集める
- 期限の切れたクーポン券を集める
- 積み重なっている小さな買い物の梱包材を集める
- 不用品をビニール袋にまとめる
- ゴミに出す

- 今日の掃除を終了する
- 机の面が見えるようにする
- 書類作業や勉強、軽作業などを椅子に座って行うなど、箇条書きにしておくのがポイントだ。掃除や整理整頓の一連の流れや道具の使用方法などの画像を集め、手順書にして、わかりやすい場所に貼っておくか、スマホのメモ機能に保存しておくと便利だ。

できれば、部屋のきれいな状態も写真に撮っておこう。どうしていいのかわからなくなったときに、ゴールの状態がイメージできると前に進めるようになる。

アプリを使って掃除を管理する

苦手なことは先延ばしにしてしまいがちなので、部屋の状態にかかわらず、「日曜日の16時」など、**整理整頓を行う日時をあらかじめ決めておこう。**このとき、「おそうじログ」や「Tody」などのアプリを使い、掃除をスケジューリングするのもおすすめだ。

「おそうじログ」は掃除専用のメモ&リマインダーアプリだ。掃除する場所と周期を登録すると、簡単に掃除の記録ができる。いつ掃除したかが一目でわかるので、「ついつい放置」の予防になる。また、リマインダーをセットすると、決まった時間にその日の掃除内容を通知してくれるので、先延ばし癖がある人やうっかり忘れてしまう人はぜひ活用してほしい。

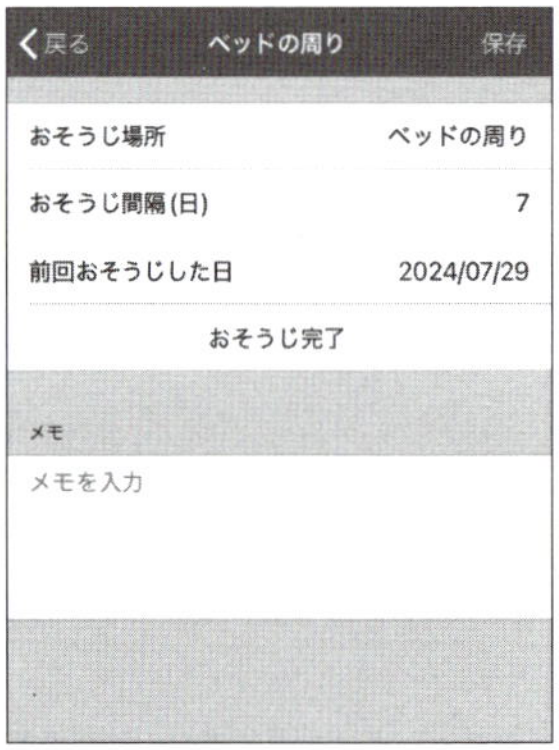

「おそうじログ」で掃除する場所と周期を登録する

一方Tody（トディ）は、カレンダーではなくToDoリストを使い、タスクごとに掃除を管理するシンプルなアプリだ。各部屋のタスク（掃除機、雑巾がけなどの項目）と頻度（週1回、2カ月に1回など）を設定し、自分にぴったりの掃除プランが作成できる。ヴィジュアル的にわかりやすいインディケーターが、現在の状況や緊急度、今すべきタスクを一目で示してくれるので、「気がついたら、汚部屋になっていた！」という最悪な状況が防げるはず。また、タスクを完了するたびに「掃除完了！」ボタンをタップして、ゲーム感覚で達成感を味わえるのも楽しい。期限やアラームがないので、義務感に追われずマイペースで取り組むことができそうだ。

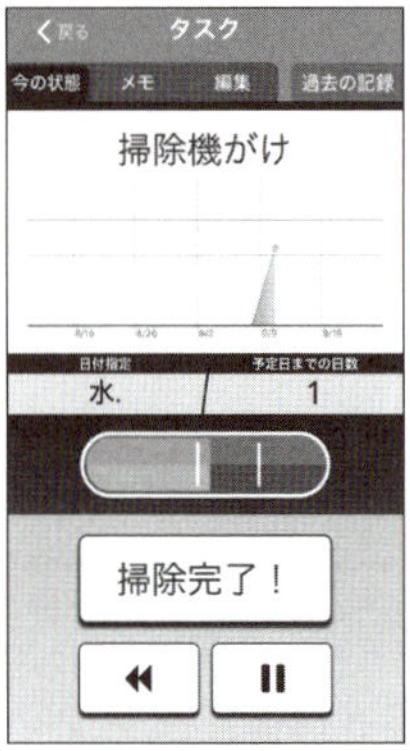

「Tody」で掃除をスケジューリングできる

アプリを使うのが面倒な人は、LINEでスケジュール管理をするのはどうだろう。「リマインくん」は、LINEのオフィシャルアカウントで友だち登録するだけで、予定の登録とリマインドの設定が簡単に行えるパーソナルリマインダーBotだ。「明日の朝、粗大ゴミを出す」「日曜の16時から大掃除」などと入力するだけで、希望の時間にリマインドしてくれる。音声入力もできるので、話しかけるだけで大丈夫だ。LINEの通知設定をオンにしておけば、いちいちアプリを立ち上げる必要がないので手軽に利用できて便利だ。

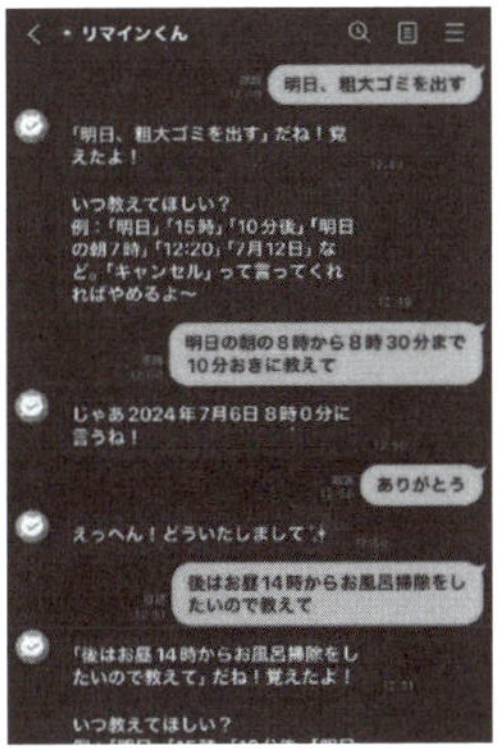

LINEの「リマインくん」なら手軽に利用できる

できている自分を褒め、ご褒美を設定する

一念発起して大掃除をしたとしても、2〜3週間すると元の散らかった状態に戻ってしまうという悩みを抱えている人もいるだろう。

整理整頓が苦手な人が日常的に片づけを継続し、きれいな状態の部屋をキープするためには、モチベーションを保つ工夫が必要になる。

片づけられた自分を「よくやったね！」「偉い！」など自分で褒めるのはもちろん、**ご褒美を設定してみる**のはどうだろう。

たとえば、「片づけた日は、オンラインゲームのアイテムを1つゲットする」とか「少し高めのプレミアムチョコレートを買う」など、マイルールを決めるといいだろう。

アプリを使って仲間で励まし合う

一人で苦手なことをやり続けることは難しいが、**同じ目標を持つ仲間と励まし合う**ことで、継続できる可能性が高くなる。三日坊主を克服・防止するための習慣化アプリ「みんチャレ」を使って、仲間とつながってみるのはどうだろう。

「みんチャレ」の特徴は、同じ課題や悩みを持つ5人（最大人数）がチームを作り、目標達成に取り組むところだ。お互いに励まし合いながら習慣を身につけられるため、「達成できた」という声も多く、高い評価を得ている。しかも、ニックネームでやりとりできるアプリなので、気軽に参加できる。発達障害の人もたくさん集まっているようなので、ぜひ試してみよう。

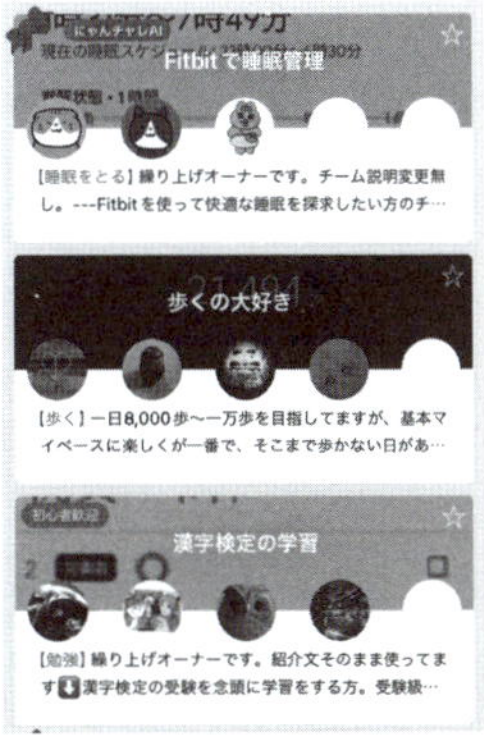

「みんチャレ」ならチームを作って同じ目標に取り組める

薬を飲むのを忘れてしまう

対策

- 服薬を管理してくれるアプリを使う
- 飲み忘れを防止できるピルケースを活用する
- 家族にも協力してもらう

事例

大事な薬をしょっちゅう飲み忘れてしまう

医者から薬を処方されており、朝晩、食後に飲まなければならないにもかかわらず、ついつい飲み忘れてしまう。薬を飲まなくても調子がよいなら問題ないかもしれないが、不安になったりイライラしたりして、精神状態が不安定になったりしてしまう。

いつも「薬を飲まなくては」と思ってはいるけれど、他のことに気を取られると、机の上に置いたり、ポケットに入れたまま、結局飲み忘れてしまう。気がつくと、3〜4日連続で飲み忘れていることもあった。

特に、平日の朝はだいたいギリギリまで寝ているため、急いでパンだけ食べたり、朝食を抜いたりすることも日常茶飯事で、バタバタしているうちに飲み忘れることが多い。

そのまま出勤すると、時折、仕事場で不安が強くなり、落ち着かなくなってしまう。どうしたらいいだろうか。

原因

ワーキングメモリと実行機能が弱いため、忘れてしまう

ADHDタイプの場合、薬を飲み忘れる悩みを持つ人は少なくない。ワーキングメモリと実行機能（108ページ参照）が弱いため、**一度に複数のタスクをこなせず**、他のことに気を取られると、薬を飲まなければならないことを忘れてしまうのだ。

「毎食後」「朝晩」など記憶しているにもかかわらず、いざそのと

きになると、他のことに気を取られているうちに忘れてしまう。手元にどんどん飲み忘れた薬がたまっていくなどという悩みを持つ人は、少なからずいるはずだ。

解決法 管理の方法を検討してみよう

服薬を管理してくれるアプリを使う

この場合、根性論だけでは絶対にうまくいかない。「忘れないように」と思っていても、忘れてしまうのだから仕方がない。思い切って自分を信じるのをやめ、**管理の方法を検討する**ほうが得策だろう。

たとえば、無料の健康管理アプリ「マイセラピー」なら、薬の飲み忘れを防止するために、登録した時間にリマインドを送ってくれる。薬の名前や摂取量も登録できるので、複数の薬を飲んでいる場合でも、混同する心配がない。「重要リマインダー機能」を利用すれば、マナーモードにしていてもサウンドによる通知が行えるのもポイントが高い。

このアプリでは血圧や体重、心拍数などの測定値を記録でき、健康状態や薬の摂取状況などを自動的にまとめ、PDF形式のヘルスレポートを作成してくれる。印刷したりメールで送信したりして、家族に自分の健康状態を把握してもらったり、医師や薬剤師とシェアしたりもできるので、便利だ。

「マイセラピー」なら薬を飲む時間を管理できる

また、kaienが開発したお仕事総合支援アプリ「ミッテル」でも、服薬の管理ができる。ミッテルでは、服薬や気分、食事、睡眠など、発達障害の人が崩しやすい生活リズムを記録できる。自分の活動状況を記録することを毎日の習慣にすれば、飲み忘れを防止する意識を高められる。

就職先の企業、支援先の事業所や病院などと共有することも可能なので、医師に現状を把握してもらってアドバイスをもらったり、周囲にリマインドをお願いしたりと、サポートが得られやすいメリットもある。

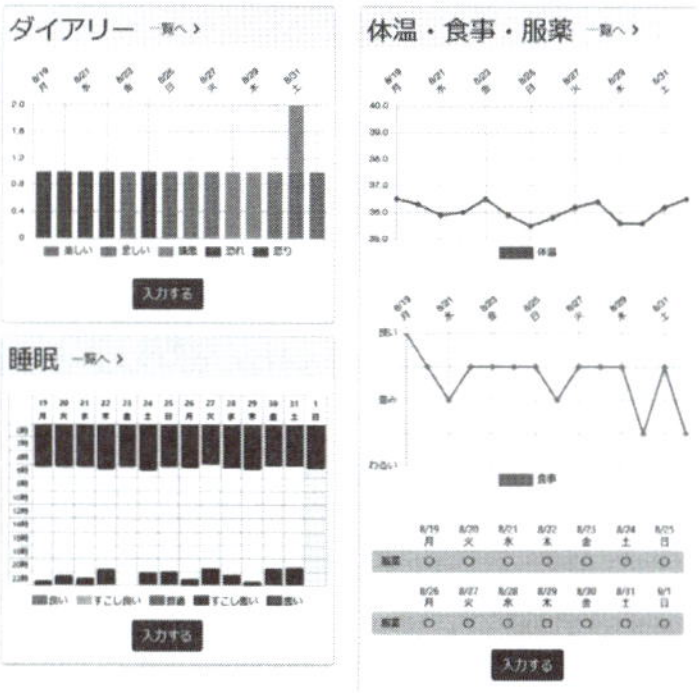

kaienの「ミッテル」でも服薬の管理ができる

飲み忘れを防止できるピルケースを活用する

薬をなくしてしまう人や、いつも探している人は、**飲み忘れ防止用のピルケースを活用してみる**のもいいかもしれない。

特に1日に複数回、薬を飲まなければならない場合や、一度に飲む量が多い場合は、まとめて保管できるので便利だ。1週間ごとに管理できるタイプや、朝・昼・夜の薬を入れる部分が分かれているもの、カレンダーになっているもの、持ち運びやすいコンパクトサイズなど、さまざまな種類がある。

たとえば、家で薬を飲むことが多い人におすすめなのは、東武商品サービスの「週間投薬カレンダー」だ。壁掛け式で場所を取らず、朝・昼・夕に分かれているので、それぞれのポケットに薬をセットしておけば飲み間違いや飲み忘れが一目でわかる。ポケットは、マチ付きだから出し入れしやすく、1回分の量が多くても大丈夫。カレンダーに水性ペン（ホワイトボード用）で、予定やメモを書き込めるのもうれしい。書き込んだメモはティッシュなどで拭けば簡単に消せるので、繰り返し使える。1週間用と2週間用の2つのタイプがある。

「壁掛けタイプは見栄えが悪くて嫌」「食後に飲むので食卓に置いておきたい」「職場のデスクの引き出しに入れておきたい」という人には、アズワンの「おくすり番」をすすめたい。朝・昼・夜に3区分して1週間分の薬を整理できるシンプルなケースだ。ふたが透明なので、一目で飲み忘れがわかる。

家族にも協力してもらおう

薬の服用を忘れがちな場合は、**家族に協力してもらう**のも、ひとつの手だ。いつ、どの薬を服用するのかをあらかじめ伝えておき、もし忘れていたら声をかけてもらうように頼んでおこう。

また、食前や食後に薬を飲まなければならない場合は、食事と一緒に薬を出してもらうことにすれば、飲み忘れを防げる。

整理が苦手でピルケースに薬をセットするのが難しい人も、家族に協力してもらうといい。一人暮らしで、サポートしてくれる家族がいない場合、薬局によっては、薬剤師がやピルケースにセットしてくれるところもあるので、聞いてみよう。

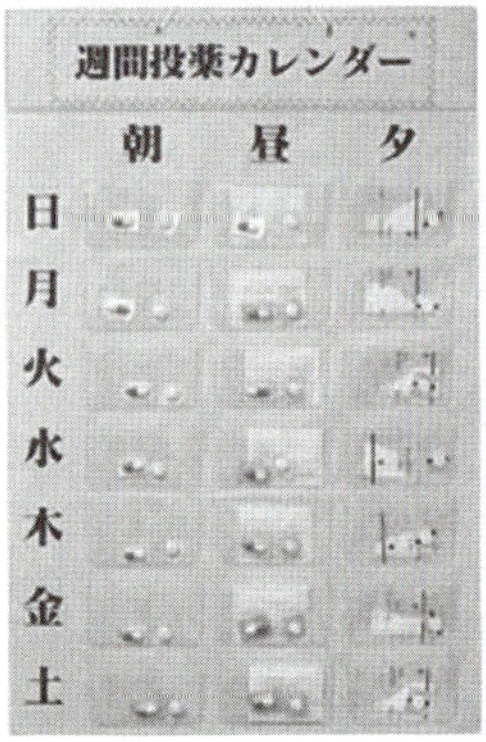

壁掛けカレンダータイプのピルケース

第5章

「体がうまく使えない」のを何とかしたい！

運動が苦手だったり、不器用だったり

自分の体がうまく使いこなせていないと、
他の人が何気なく行う動作でも
ぎこちなく、時間がかかってしまう。
運動嫌いや運動不足も、
それが原因かもしれない。

あちこちぶつかるし、よく転ぶ

対策

- ○筋力をチェックする
- ○ヨガのポーズで筋力とバランス感覚を鍛える
- ○バランスボールを使ってボディイメージを把握する
- ○筋肉をスムーズに動かすためのエクササイズをやってみる

事例　注意していてもあちこちぶつかるし、何もない場所で転んでしまう

子どもの頃から、どういうわけか生傷が絶えなかった。狭いところを通り抜けようとして壁にぶつかったり、ジャングルジムをくぐろうとして頭をぶつけたり、道を歩いていて自転車や電信柱に衝突したり……。人の多い場所では、よけて歩いているつもりなのに、周りの人にぶつかってしまう。

決してわざとではないのに、繁華街で強面《こわもて》の人に「ぶつかっただろう」と因縁をつけられ、からまれたこともある。周りの人が仲裁してくれて事なきを得たけれども、本当に怖かった。

子どもの頃は「やんちゃで、おっちょこちょいだからだろう」と思っていたが、大人になってからも一向にマシにならない。ぶつかるだけでなく、つまずいて転んだり、階段を踏み外したり、ケガばかりしている。この間も、部屋の中の低い段差でつまずき、骨にひびが入るケガをしてしまった。

原因　自分の体が操作できていない

ボディイメージがつかめていない

ボディイメージとは、自分の体を実感する脳の働きのことだ。たとえば、狭いところを通り抜けるには、自分の体の大きさや輪郭を知り、どんな角度で通ればぶつからないか、動きを調整しなければならない。普段はほとんど意識しないが、体を思い通りに操作するためには、ボディイメージが重要だ。発達障害の人の中には、この**ボディイメージが曖昧**な人がいる。頻繁にぶつかったり、転んだりする人は、ボディイメージがつかめていない可能性が高い。

筋肉の可動域が狭い

発達障害の人の中には、日ごろからの運動不足や発達性協調運動症（138ページ参照）により、**筋力が極端に弱い**人もいる。たとえば、歩くという行為には、関節の曲げ伸ばしと、筋肉の柔軟性が必要だ。筋力が弱く筋肉の柔軟性が低下していると、膝がうまく曲げられず、平たんな道でも転んでしまう。膝が痛い、肩が上がらない、姿勢が悪いなど、思い当たることがある人は、筋肉の柔軟性が低下している可能性が考えられる。

ボディイメージがつかめていないと起こること

ボディイメージが明確
● 自分の体の輪郭や大きさ、空間の中での位置が把握できる
● 思い通りに体を操作できる

● 自分の体の輪郭や大きさ、空間の中での位置が把握できない
● 思い通りに体を操作できない

球技やダンスが苦手

解決法 ボディイメージを意識しながら筋力をつける

まずは筋力をチェックする

状況を改善するためには、**日常生活に必要な筋力が備わっているかどうかを知っておかなければならない。**まずは、簡単にできる「片足立ち」で、筋力をチェックしてみよう。

①姿勢を真っすぐにした状態で、目線は前にして立つ
②両手を広げ、片足のももを90度に曲がるように引き上げる

この姿勢を30秒キープできるかどうか試してみよう。すぐに足をついてしまったり、上半身がぐらついてしまったりする場合は、

「片足立ち」で筋力をチェックするやり方

①姿勢を真っすぐにした状態で、目線は前にして立つ

②両手を広げ、片足のももを90度に曲がるように引き上げる

ヨガの「木のポーズ」のやり方

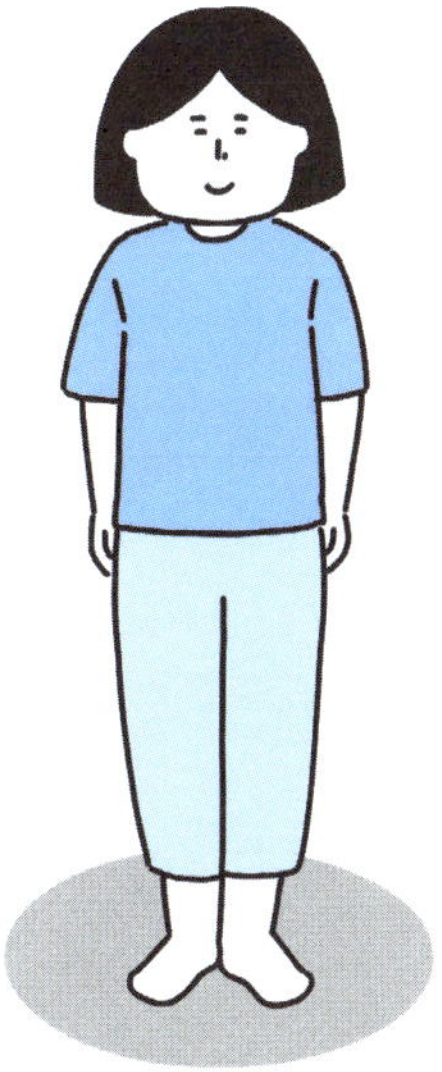

①直立した状態で、真っすぐ前を向く

②手で片足を引き上げて、反対側の太ももの内側につける

③両手を胸の前で合わせて合掌し、そのまま両腕を頭の上に上げていく

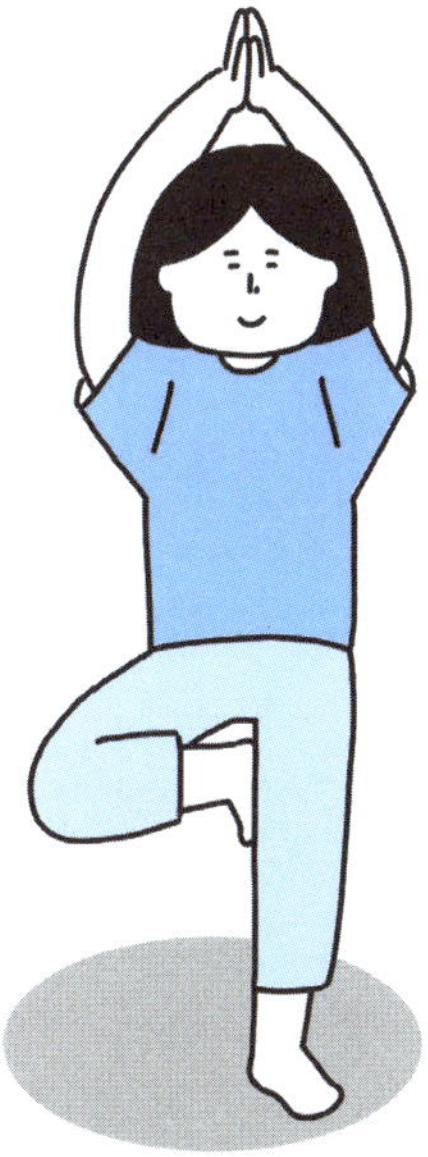

④天からひもでつり上げられているイメージで、体全体を気持ちよく伸ばす

⑤深く呼吸しながら30秒間キープし、ゆっくりと息を吐きながら元の姿勢に戻る

筋力が低下しており、体を支えられていない可能性が高い。

ヨガのポーズで筋力とバランス感覚を鍛える

体を支える筋力をつけ、バランス感覚を鍛えるためには、**ヨガの「木のポーズ」**が効果的だ。

①直立した状態で、真っすぐ前を向く
②手で片足を引き上げて、反対側の太ももの内側につける
③両手を胸の前で合わせて合掌し、そのまま両腕を頭の上に上げていく
④天からひもでつり上げられているイメージで、体全体を気持ちよく伸ばす
⑤深く呼吸しながら30秒間キープし、ゆっくりと息を吐きながら元の姿勢に戻る

同じように反対側の足でも行う。慣れてきたら、徐々に時間を長くしてみよう。木のポーズは、足首やふくらはぎ、太もも、腹部など安定した姿勢を保つための筋肉がつき、普段から正しい姿勢を維持しやすくなる効果も期待できる。

バランスボールを使って、ボディイメージを把握しよう！

バランスボールとは、リハビリ用器具として開発された、大きなゴムのボールのこと。ボールの弾力や不安定さを活かし、簡単にトレーニングができる優れものだ。

たとえば、バランスボールに座るだけで、インナーマッスルと呼ばれる体の芯にある筋肉が鍛えられる。この筋肉が鍛えられると基礎代謝が上がるため、やせやすい体になることが知られている。

また、バランスを取り筋肉の使い方を意識することで、ボディイメージの把握にもつながる。テレビを見るときや作業をするときなどに、椅子の代わりに使ってみるだけでも、トレーニングになるので、ぜひ試してみよう。

筋肉をスムーズに動かすためのエクササイズをやってみる

まずは自分の体の「土台作り」をしたい人にぴったりなのが**ピラティス**のメソッドだ。

関節周りの筋肉をほぐし、筋肉をスムーズに動かすために、ピラティスの基本となる簡単なエクササイズ「スタンディングフットワーク」をやってみよう。体のバランスや正しい動かし方を意識しながら、筋肉を柔軟にし、動かす範囲を広げられる。次ページの①～④の順で膝を曲げ伸ばし、次に④～①の逆の順で繰り返す。これを3～5回のセットでやるようにしよう。

スタンディングフットワークのやり方

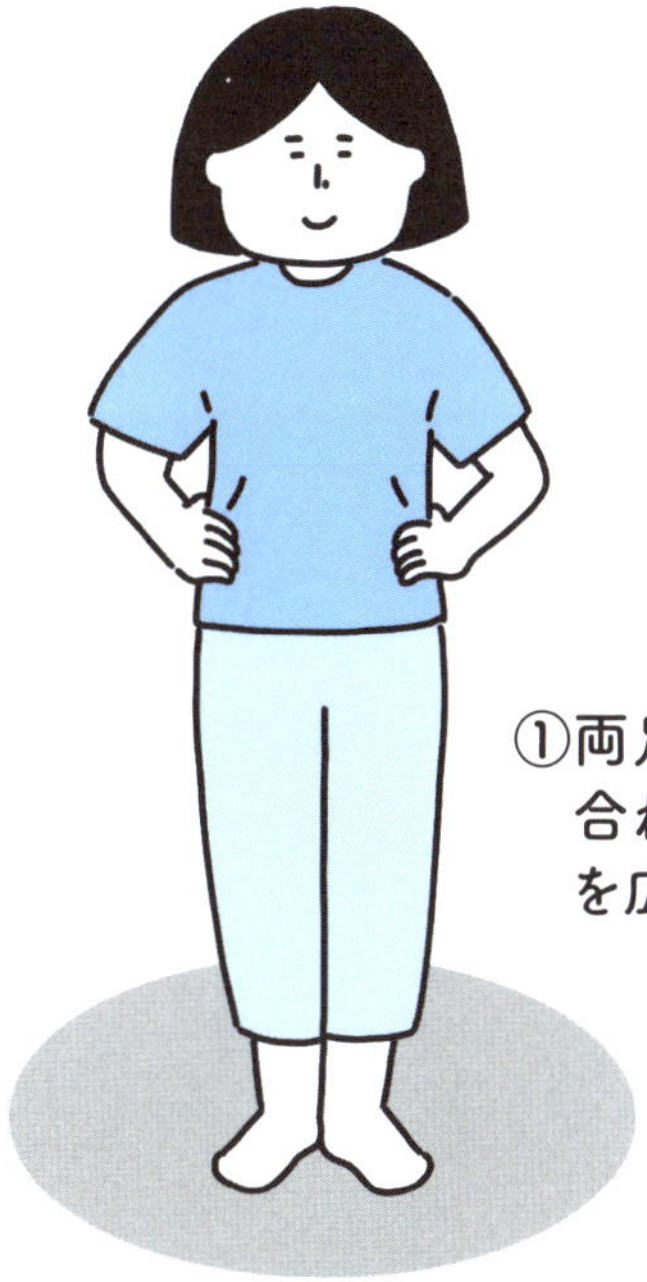

①両足のかかとを合わせてつま先を広げる

②足首の関節が曲がるところまで、膝を曲げる

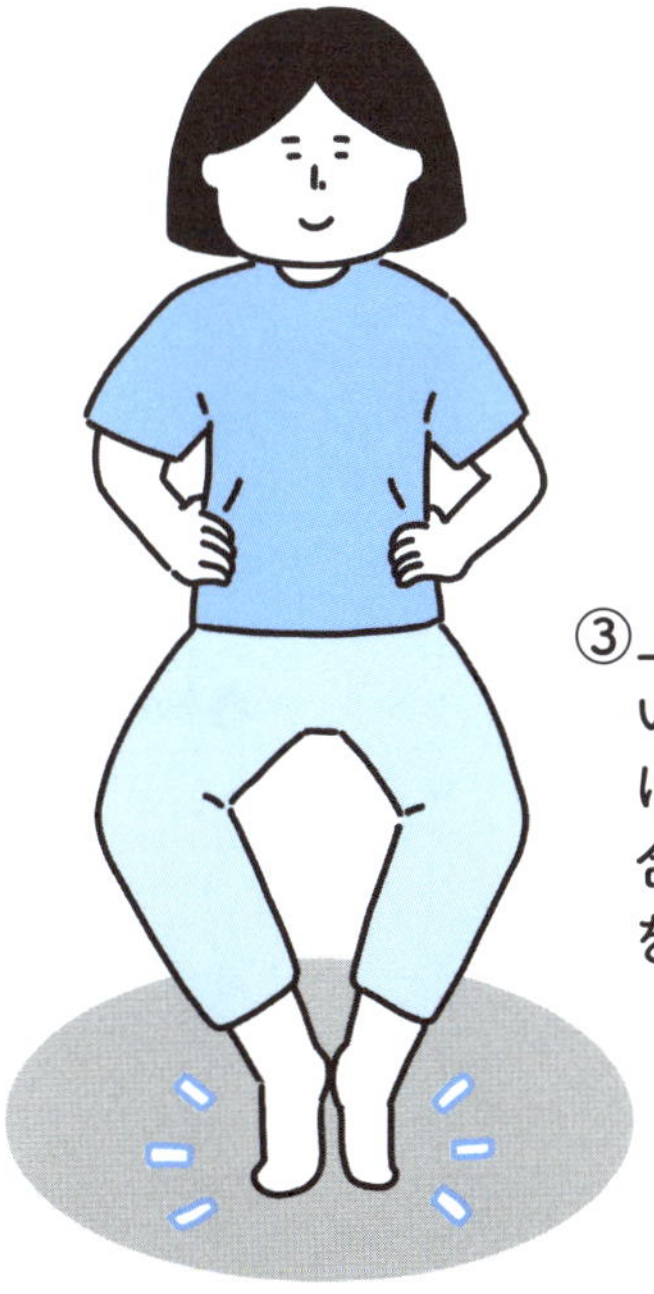

③上半身は動かさないで、かかとを上げる（ぐらつく場合は壁や椅子に手をついてOK）

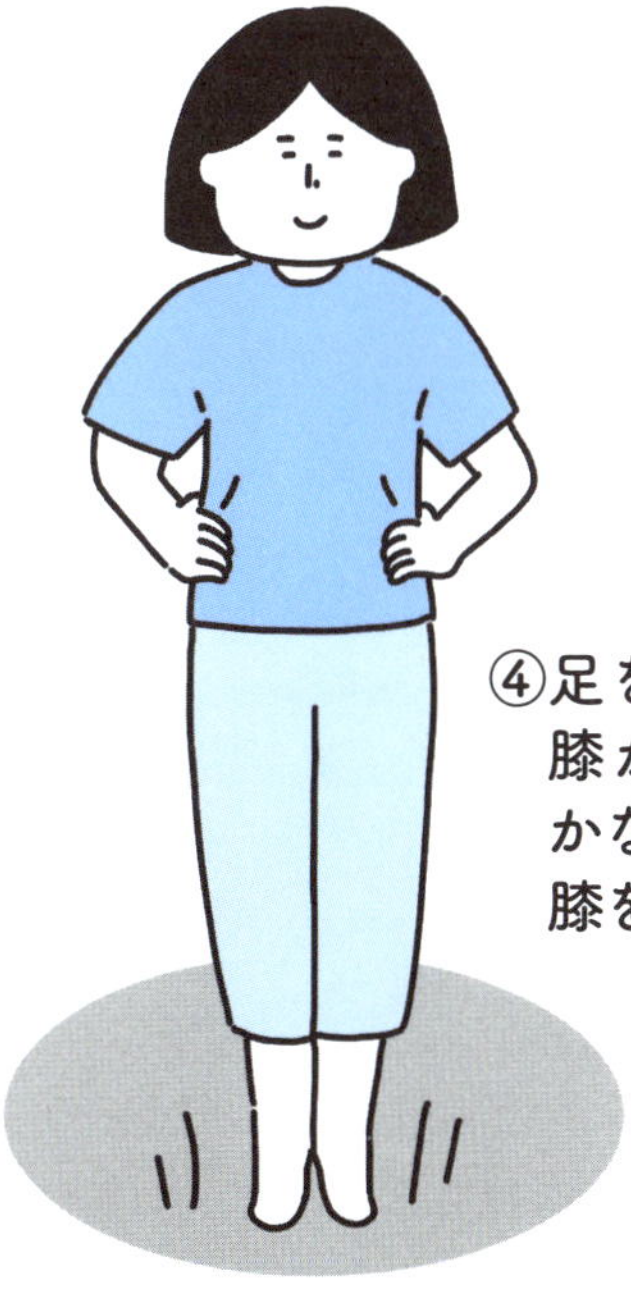

④足を伸ばして、膝が内側を向かないように両膝をつける

不器用で作業が遅いし、字が汚い

対策

- メモの取り方を目的に応じてブラッシュアップする
- 微細運動を助けてくれる便利な文房具を活用する
- 日常生活の中で、目と手を同時に動かす練習を意識する
- ビジョントレーニングをやってみる

事例　不器用でハサミやカッターを使うのが苦手だし、字が汚い

周りの誰よりも手先が不器用だ。お箸やフォークがうまく使えないので、食べ物をボロボロこぼしてしまう。ジュースや牛乳などの飲み物もこぼすので、いつも洋服はシミだらけ。

お箸だけでなく、ハサミやカッターなどの文房具も使いこなせない。ガタガタになり真っすぐ切れないし、丁寧にやろうとすると、作業に時間がかかってしまう。

一番のコンプレックスは、とにかく字が汚いこと。SLDがあるのか、どんなに集中して一生懸命書いても、ミミズがはったようなグチャグチャな字になり、自分でも読みづらい。

いくつかアルバイトにチャレンジしたが、不器用さがハードルになり続かない。手先を使う作業が多い仕事はできるだけ避けているが、ほとんどの職場で字を書く機会は避けられない。

相手に悪気がなくても、「読めない」「もっと丁寧に書いて」などと注意されると萎縮してしまう。メモを取るのも苦手で、即座に書けなかったり、自分のメモが読めなかったりして苦労している。少しでも、何とかマシになる方法はないだろうか。

原因　発達性協調運動症で微細運動が苦手なのかも

日常生活に苦労するほど手先が極端に不器用な人は、発達性協調運動症（138ページ参照）の可能性が

微細運動が苦手だと……

①文字を書くとき、枠からはみ出してしまう
②靴ひもがうまく結べない
③線に沿ってハサミで紙を切れない
④箸やフォークがうまく使えない
⑤定規やコンパスがうまく使えない
⑥漢字の形の違いは見分けられるが、うまく書き写せない
⑦紙をきれいに折れない（角と角が合わせられない）
⑧線をうまくつなげられない
⑨メモを取れない
⑩文字を書くと形が乱れる

※当てはまる項目が多い場合、ただの不器用ではなく、発達性協調運動症（DCD）の可能性がある

ある。

　協調運動とは、いくつか別々の動作をまとめて行う運動で、全身を使う運動（粗大運動）だけでなく、**手先の操作（微細運動）にも困難が見られる場合がある。**微細運動では、特に目と手を同時に動かす作業にぎこちなさが現れる。靴ひもが結べない、お箸をうまく使えない、ハサミが使えないなど、他の人がたやすく行う作業が難しいと感じているなら、発達性協調運動症かもしれない。

　仕事では、署名する、指示を聞きながらメモを取る、書類をまとめるなど、ありとあらゆる場面で微細運動が必要となる。そこにLDなどの発達障害特性が加わると、「なぜ、できないんだろう」「自分だけ仕事が遅い」などと自己肯定感が下がり、どんどん自信を失ってしまう場合がある。

解決法 負担を減らしながら微細運動のトレーニング

手書きを避ける、減らす

デジタルメモ「ポメラ」など**ネット環境がなくても使用できるデバイス**や、スマホのメモ機能、ボイスメモ機能などを状況に応じて活用してみよう。

　また、指示のスピードについていけない場合、その場ではキーワードだけをメモするなど、書く負担を減らす方法も試すといい。

デジタルメモ「ポメラ」

メモの取り方を目的に応じてブラッシュアップする

　書字のスピードが遅い人は、**「○」「×」などの図や記号を使いメモを取ってみよう。**

　また、次ページのようにあらかじめ「誰に」「どこで」「何を」などの**項目を書いたメモを作っておけば**、手書きの負担を減らすことができる。各自の苦手や目的に合わせて、効率的なメモの取り方を身につけよう。

微細運動を助けてくれる便利な文房具を活用する

　微細運動が苦手で、努力しても限界がある場合は、便利なアイテムを活用しよう。

たとえば、STABIRO（スタビロ）の「かきかた鉛筆」は、くぼみに指を添えるだけで正しい持ち方が身につく便利な鉛筆だ。筆圧がコントロールしやすく、力を入れなくてもしっかりと書ける。

また、SUSWIMの「鉛筆もちかた左右手兼用 ペングリップ はじめてセット」は、2つの穴に親指、人差し指を固定することで、違和感なく正しい持ち方ができるグリップだ。簡単に使えるので試してみるといい。

あらかじめ項目を書いたメモを作っておく

（　　　　　　　　）さん宛

□（　　　　　　　　）について質問があります。
□（　　　　　　　　）について報告です。
□（　　　　　　　　）について進捗報告します。
□（　　　　　　　　）について相談があります。
□その他（　　　　　　　　）

1.

2.

筆圧のコントロールが苦手で、紙をぐしゃぐしゃにしてしまったり破ったりしてしまう人は、できるだけ高性能な下敷きを使うことをおすすめしたい。たとえば、「クツワ下敷き A4 VS022 硬筆書写用ソフト」は、芯先やペン先が滑りにくいので、安定したきれいな文字が書きやすい。

ハサミやカッターも、使いやすいユニバーサルデザインのものに変えるだけで、グンと作業が楽になる。たとえば、「長谷川刃物 HARAC はさみカバー付き Casta」は、カスタネットのようなパッドを握るか、上から押すだけで、チ

STABIROの「かきかた鉛筆」を使えば、くぼみに指を添えるだけで正しい持ち方が身につく

ヨキチョキ動かさなくても切断できるため、少ない力で真っすぐ確実に切ることができる優れものだ。

　また、「ゴムQQスケール15滑らない15㎝定規」は、定規を使って線を引いたりカッターで切ったりするのが苦手な人に、おすすめの使いやすい定規だ。

　指で押さえる場所が示してあるのでわかりやすく、効果的に定規が滑るのを防止してくれる。端が斜めになっているので、線を引きやすくカッターなども使いやすい。

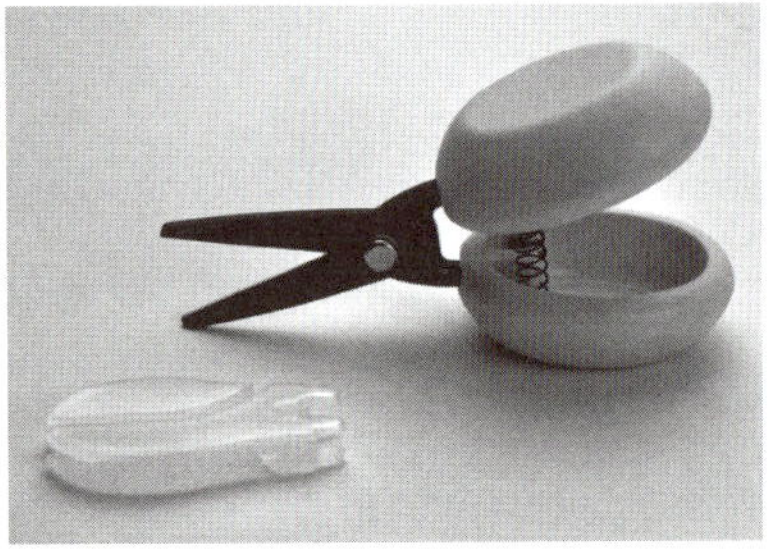

「長谷川刃物 HARAC はさみ カバー付き Casta」は、カスタネットのようなパッドを握るか、上から押すだけで切断できる
出典：長谷川刃物株式会社HP
URL：https://www.hasegawacutlery.com/harac/439/

日常生活の中で、目と手を同時に動かす練習を意識する

微細運動が苦手な人は、**目と手を同時に動かす練習を意識してみよう**。たとえば、プラモデル作り、レゴなどのブロック、パズル、トランプ、ゲーム機などでの遊びは、目と手を動かす練習になる。

　また、日常生活にもボタン掛け、ファスナーの上げ下げ、靴ひも結び、フォークやお箸など練習できる機会がたくさんある。苦手意識があると避けてしまいがちだが、やらないでいるとコツもつかめない。無理する必要はないが、時間に余裕があるときに、ゆっくりチャレンジしてみよう。

ビジョントレーニングをやってみる

ビジョントレーニングとは、簡単にいえば目の機能を高める訓練のこと。元はアメリカ空軍のパイロットの訓練法として開発され、日本でもアスリートやスポーツチームが導入して話題となった。ビジョントレーニングにより、「素早く目を動かす」「左右の目のバランスを調整する」「見たものを認識し記憶する」「目と体を同時に動かす」「周辺視野を広げる」など、さまざまな能力を鍛えられる。

　LDの人の識字能力の向上や、発達性協調運動症の人の運動能力の向上などに効果があるという研究もあり、注目が集まっている。

　ビジョントレーニングは、眼科や眼鏡店、スポーツジム、視覚に特化した民間のトレーニングセンターなどで受けられる。また、ビジョントレーニング用の眼鏡なども市販されている。

　次ページのように自宅で簡単にできるトレーニングもあるので、興味がある人は活用してみるとい

ビジョントレーニングのやり方

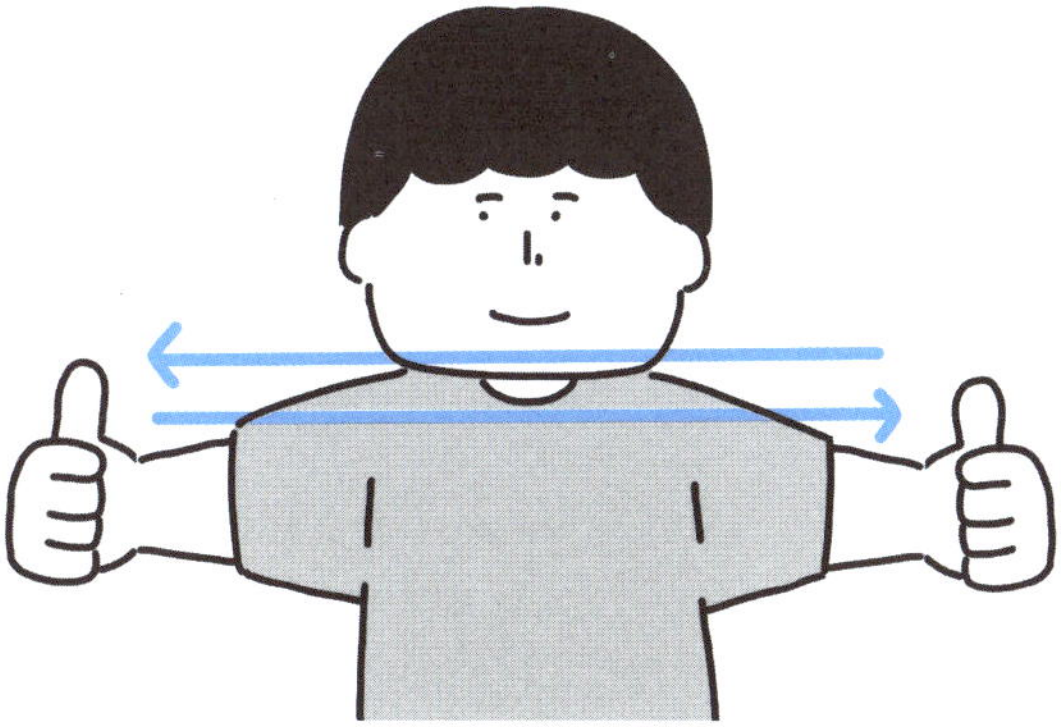

左右

腕を左右に広げ、
親指を1秒ずつ順に見る

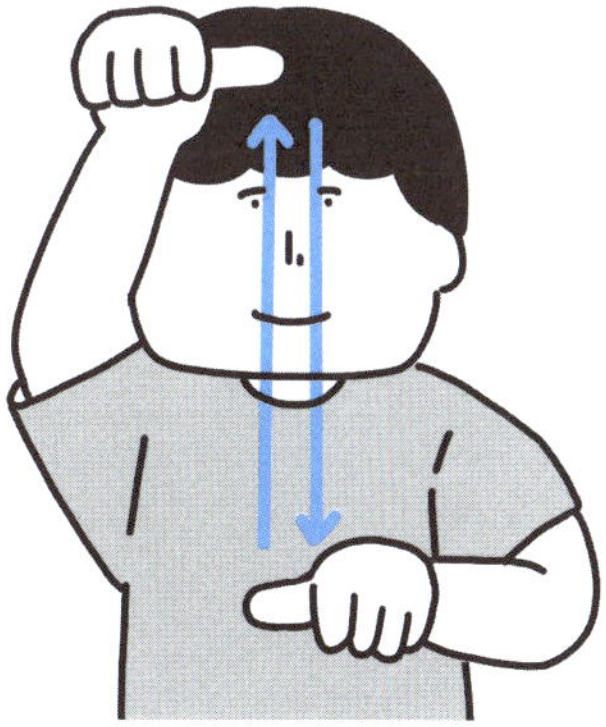

上下

腕を上下に広げ、
親指を1秒ずつ順に見る

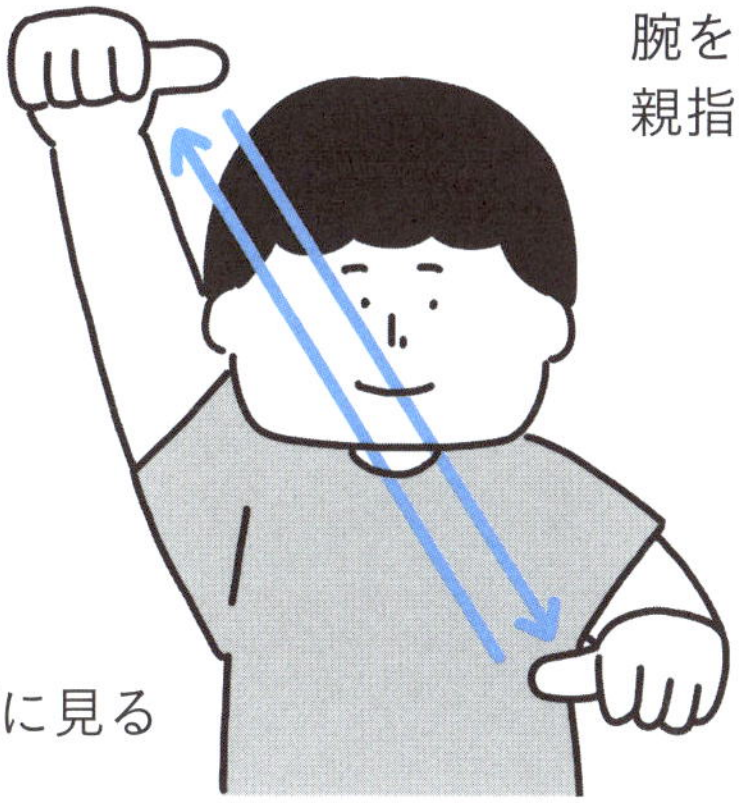

対角

腕を対角に広げ、
親指を1秒ずつ順に見る
（各10往復）

い。視覚機能がアップすることで、不器用さが改善されるだけでなく、目が疲れにくくなるなどの効果も報告されている。

　また、ビジョントレーニング用のアプリもある。日本におけるビジョントレーニングの第一人者、かわばた眼科の川端秀仁院長の原案・監修による「視覚認知バランサー」は、眼を脳のさまざまな働きと連携させて楽しくトレーニングするアプリだ。ゲーム感覚で遊びながら、注意・記憶・形状識別・空間認識・運動統合といった視覚認知機能5領域をカバーする選りすぐりのタスクが16種類収録されている。

眼を脳のさまざまな働きと連携させて楽しくトレーニングするアプリ「視覚認知バランサー」

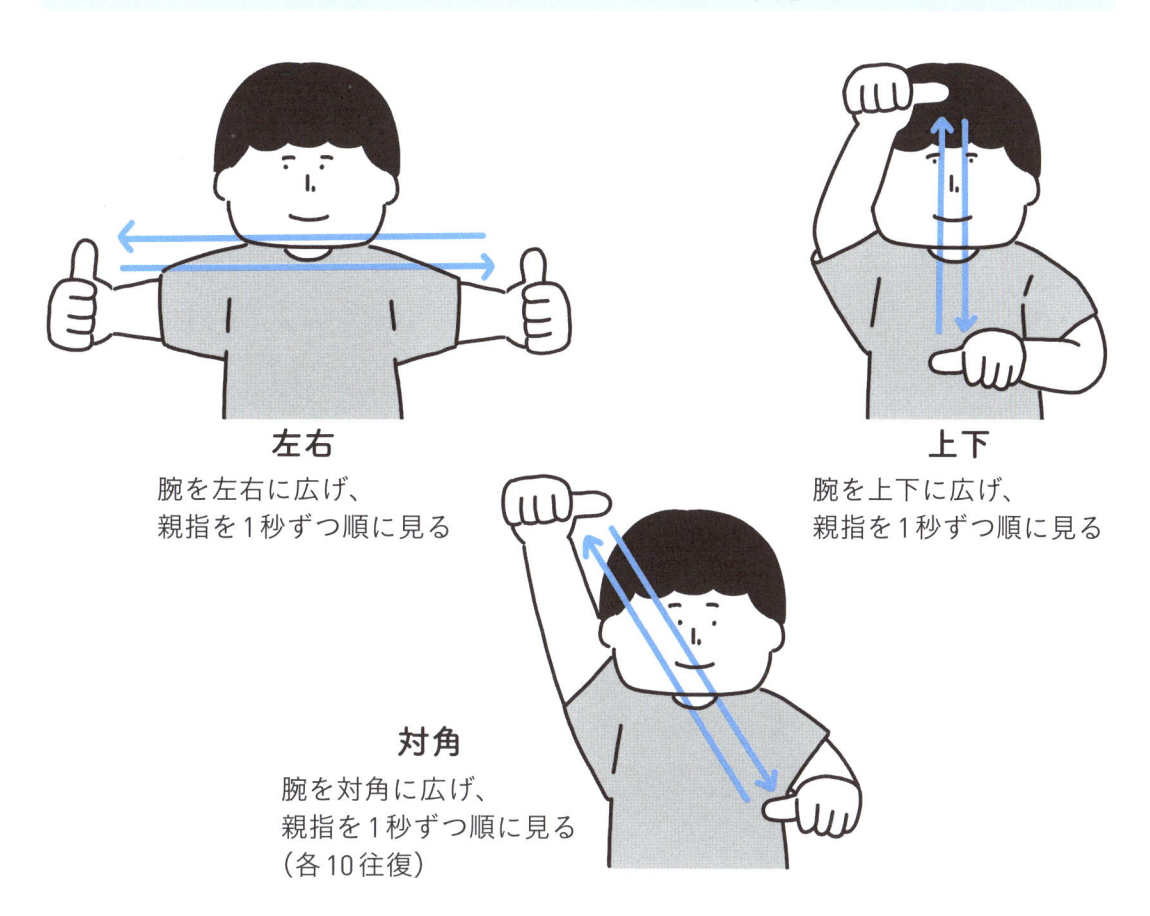

運動不足を改善したいが続かない

対策

- スモールステップで簡単な運動からやってみる
- If-thenプランニングでうっかりを予防する
- Fit Boxingで楽しく運動する
- 記録を取ってモチベーションを上げる

事例　運動したい気持ちはあるが、飽きっぽく、なかなか続けられない

社会人になり、慢性的な運動不足が続いている。健康のためにも運動をしなければならないと思っているが、何をやっても三日坊主で続けられない。ヨガやストレッチなどを毎晩寝る前にやろうと思っていても、ついつい深夜までゲームに夢中になり、1日やらないと、そのままずるずるやめてしまう。

ジムに通おうかと思い、無料体験に申し込んでみたが、見たいテレビがあったり残業だったりで、通うタイミングがつかめなかった。結局、1～2度行っただけで面倒くさくなり、足が遠のいてしまった。何とか運動を習慣にしたい。

原因　ADHDの特性で、毎日の習慣づけができない

コツコツ続けられないのは、ADHDの特性が関係しているのかもしれない。

報酬系が弱いと（100ページ参照）、集中力や意欲のコントロールが難しく、すぐに結果が出ないことにはモチベーションを持ちづらくなる。

特に、ヨガやストレッチなどコツコツ続ける系の運動は、明らかな成果が見えにくく、楽しくないのでモチベーションを保つのが難しい。そのため、ゲームなど、すぐに結果が出る楽しみのほうに興味が移ってしまいがちなのだ。

定期的に通わないと成果が出ないジムでのトレーニングも、よほ

どはまるものがないと、継続するのは難しい。

実行機能が弱いため、目標に向かって計画が立てられない

目標のために計画を立てて行動を調整する実行機能が弱いと、毎日のスケジュールに運動を組み込み、継続することが難しい。

寝る前に運動すると決めていても、ゲームやSNSに夢中になっていると、すっかり忘れて、そのまま寝てしまう。ジムに通おうと思っていても、コンビニでマンガを立ち読みしたり、おなかがすいてファストフードに寄り道したりしているうちに、行くのが面倒になり、そのまま帰宅してしまう。「明日こそは行こう」と思っていても、そのうち面倒くさくなり、「まあ、いいか」となってしまいがちなのだ。

解決法 ADHDの特性に合ったプランを考える

地味な運動を継続するには、ADHDの特性にマッチしたプランを立てなければならない。

スモールステップで簡単な運動からやってみる

最初から目標を高くすると継続しづらいので、**比較的やりやすく、短時間で終わる運動から始めよう。**

たとえばストレッチなら、最初は下図や142ページのような寝たままでできる簡単なポーズから始めるといい。慣れてきたら徐々に回数や時間を増やしていくようにする。毎日の目標を決め、小さな達成感を積み重ねていこう。

短時間で行えるストレッチ

30秒キープ
呼吸を止めない
腰を反り過ぎないように注意

If-thenプランニングでうっかりを予防する

習慣づけるために最強といわれている方法がある。**If-thenプランニング**というテクニックだ。習慣化したいこと（B）を、日常のアクション（A）とセットにして、「AになったらBをする」などのルールを作るやり方だ。

運動が継続しない人は、「疲れ

ているから明日から」「おなかがすいたから、あとで〜」と、面倒なことを先延ばしにしてしまい、結局、挫折してしまうパターンが多いのではないか。If-thenプランニングで、運動というタスクを1日のスケジュールの中に組み込めば、「ついつい」「うっかり」が予防できる。

たとえば、「目が覚めたら必ず体を伸ばすストレッチをしてからカーテンを開ける」「歯磨きをする際には5回スクワットをしてから、うがいをする」「寝室に入ったら、目覚まし時計をセットする前にヨガをやる」「オフィス内で移動する際は、必ず階段を使う」など、日常的に何気なくやっているアクションと運動をセットにしてみよう。「ポテトチップスの誘惑に負けそうになったら、代わりにナッツを食べる」「アイスクリームが食べたくなったら、ヨーグルトにする」「ハンバーガーを食べるなら、必ずサラダをセットで食べる」など、食べ過ぎを予防するプランが立てられると、さらにダイエットにも効果的かもしれない。

アクションに組み込む「If-thenプランニング」

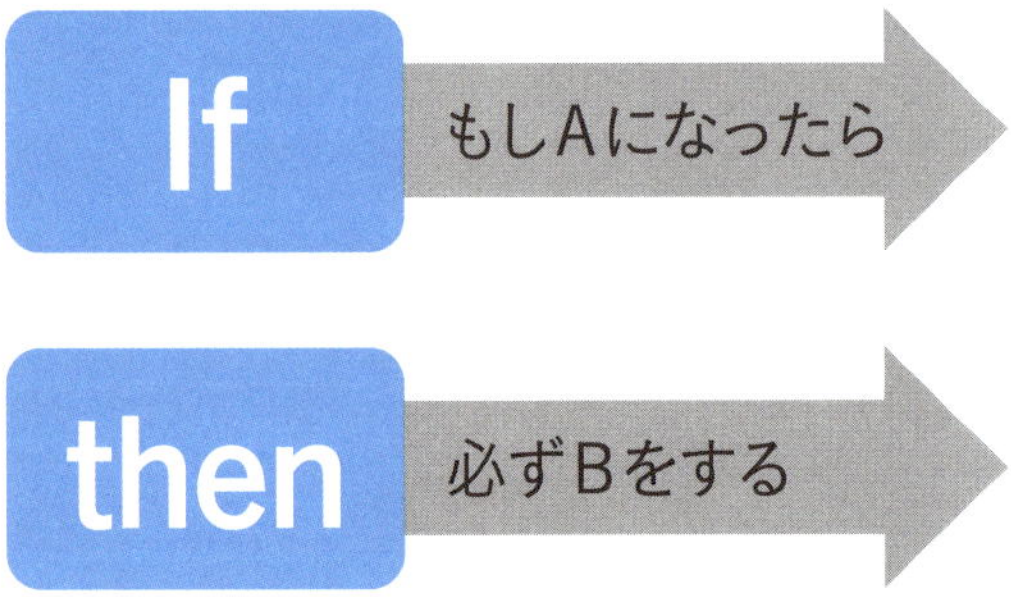

例

- 目が覚めたら必ず体を伸ばすストレッチをしてからカーテンを開ける
- 寝室に入ったら、目覚まし時計をセットする前にヨガをやる
- オフィス内で移動する際は、必ず階段を使う

Fit Boxingで楽しく運動する

どうしても運動に苦手意識がある人におすすめなのが、**アクティブビデオゲーム**（79ページ参照）だ。Switchのゲームの中でも、Fit Boxingは有酸素運動がメインで、ダイエットにも効果が期待できる。

「Fit Boxing 北斗の拳」のゲーム画面

「Fit Boxing feat. 初音ミク」のゲーム画面

「ダイエット」や「体力強化」、「健康維持」などからプランを選択。エクササイズ時間、ゲーム難易度なども調整できる。また、種類の豊富なエクササイズコースや、シェイプしたい部位、お気に入りの曲などを自由に選ぶこともできる。北斗の拳や初音ミクなどキャラクターとコラボしたものや、同シリーズのダンスバージョンなど、種類も豊富なので、自分に合うものを探してみよう。

記録を取ってモチベーションを上げる

ADHDタイプの人が持続力をつけるためには、**できるだけ成果を可視化する**工夫が必要だ。目に見えて成果がわかると、俄然モチベーションが上がるはず。スマホのアプリなどを使って、運動の記録をつけてみよう。

たとえば「dヘルスケア」は、歩数でdポイントがたまる健康管理アプリだ。毎日歩いて、目標を達成すると、抽選でdポイントがゲットできる。成果がわかりやすいので、「歩くのが体にいいとわかっていても続けられるか自信がない」という人におすすめだ。歩数に加え、体重、血圧・脈拍もグラフで表示される。同性同年代の方たちの記録と比較することもできるので、健康管理へのモチベーションを維持しやすい。まずは、無料版から試してみよう。

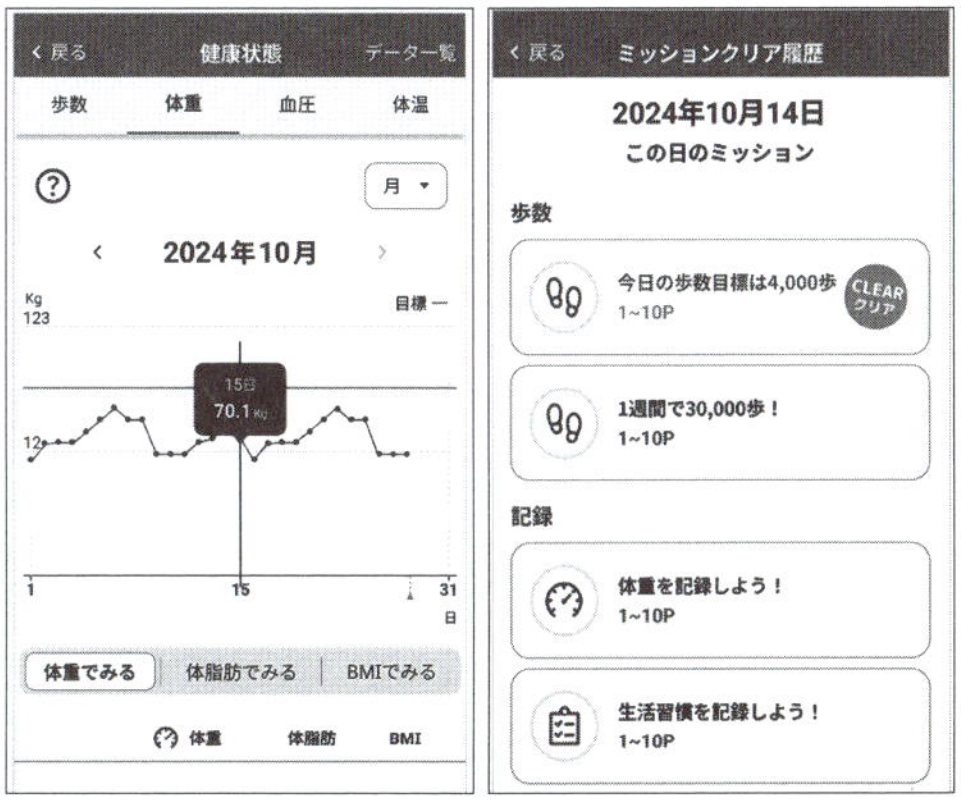

「dヘルスケア」は歩数に応じてポイントがたまる

運動神経が悪く、スポーツが苦手

対策

○ヘルスケアアプリを使って運動を習慣化する
○アクティブビデオゲームで運動する
○人と競わない運動をやってみる

事例

やせるために運動する必要があるが、昔から運動神経が悪く、苦手意識がある

健康診断で体重が増え続けていることを指摘され、「運動する習慣をつけてください」と言われている。運動が体にいいことはわかっているけれど、小さい頃から運動神経が悪く、苦手意識が強い。

走るのも遅いし、球技も下手。体育の授業で野球をやったけれど、フライがキャッチできず、「おまえのせいで負けた」と責められたこともあり、よい思い出がない。

けれども、このままでは肥満が進むし、運動はしなければならないと思っている。どうしたらよいだろうか。

原因

発達性協調運動症の可能性があるかも？

運動に苦手意識を持つ発達障害の人の中には、**発達性協調運動症**（DCD＝Developmental Coordination Disorder）の人がいることがわかってきた。ASDの約70％、ADHDの約30～50％、LDの約50％にDCDが併存するというデータもある。

よく転ぶ、走るのが遅い、球技が苦手など極端に体を動かすことが苦手だったり、靴ひもが結べない、箸でうまくつかめない、ハサミをチョキチョキ動かせないなど、人並み外れて不器用だったりする場合、DCDが疑われる。昔は「親のしつけができていない」「努力不足」などと思われていたが、DCDは生まれつきの特性なので、個人の努力だけでは克服できない。

体の複数の箇所を同時に使う動作＝協調運動とは？

感覚器官から入ったいくつかの情報を脳で整理し、無意識のうちに調整しながら行動している

DCDの人は協調運動がスムーズにできない

ボールの位置を確認し、
手を動かしてキャッチする

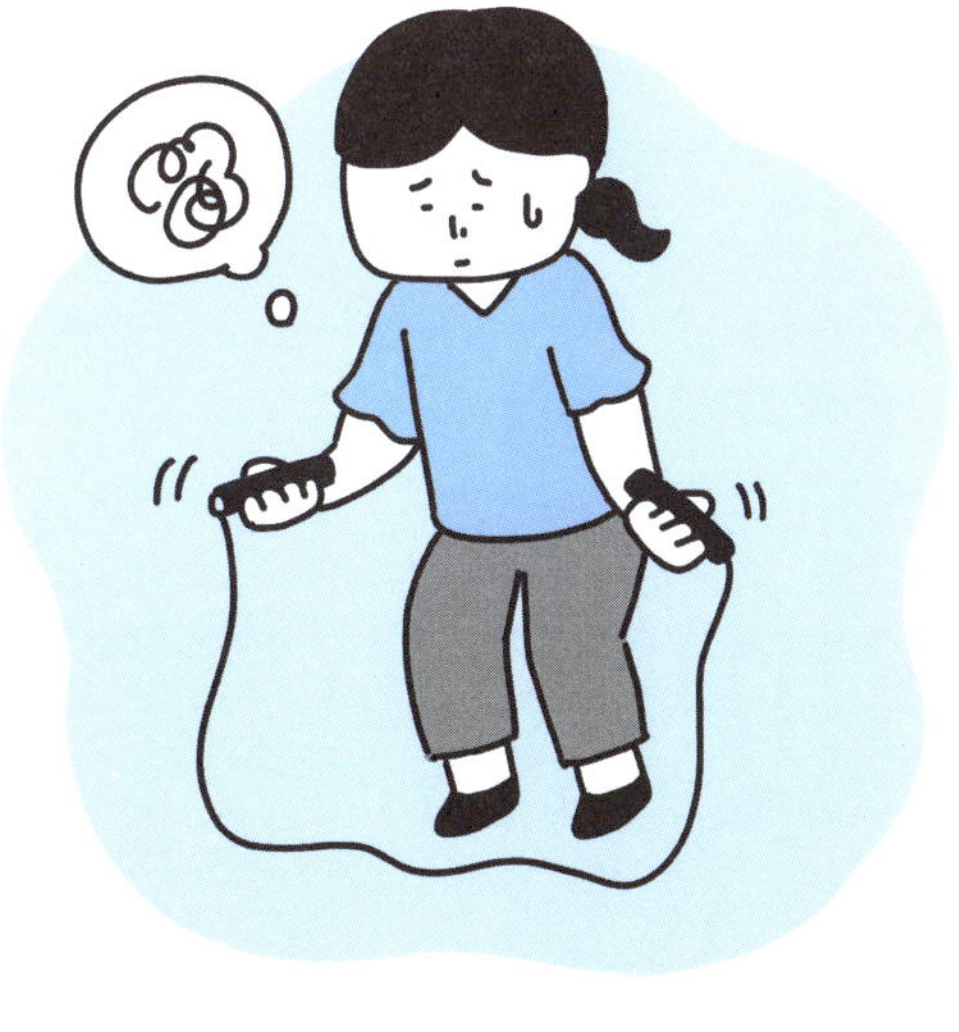

手で縄を回しながら、
タイミングに合わせてジャンプする

DCDの人は協調運動が苦手

何気ない動作でも、私たちは自分の体と対象との距離を確認したり、バランスを取ったり、力の加減を調節したりと、いくつかの情報（刺激）を無意識のうちに脳で整理しながら行動している。たとえば、縄跳びは、手で縄をぴんと張って回しながら、タイミングに合わせて足でジャンプしなければならない。ボールをキャッチする場合は、目でボールを追いながら位置を確認し、手を動かす。

このように、手と目、手と足など、体の複数の箇所を同時に使う動作が「**協調運動**」だ。

DCDの人は、協調運動がスムーズにできないため、縄跳びができなかったり、球技が下手だったりして、運動に苦手意識を持ってしまうのだ。

解決法

自分に向いている運動を探そう！

体育の授業や運動会での嫌な経験から苦手意識を持ってしまっているかもしれないが、運動にはさまざまな種類がある。中には協調運動が苦手な人でも、取り組みやすい運動もあるはずだ。**自分に向いている運動を探し、チャレンジしてみよう。**

ヘルスケアアプリを使って運動を習慣化する

たとえば、ただ歩くだけでも十分運動になり、肥満予防に役立つ。さらに、自律神経を整える効果も期待できるので、自律神経が乱れがちな発達障害の人には一石二鳥だ。

毎朝の通勤や通学のときに、バスや電車を一駅だけ前で降りて歩くのを習慣にしたり、エレベーターをやめて階段を使ったり、週末は公園などを散歩したりなど、**できるだけ日々の生活の中で歩く機会を増やしてみよう。**

意識するだけでは続ける自信がない人は、**ウォーキングをサポートしてくれるスマホのアプリを使ってみよう。**たとえば、アイフォーンには、ヘルスケアアプリが標準装備されている。特に面倒な設定をしなくても、持ち歩くだけで歩数や歩行距離などをグラフで教えてくれるので便利だ。毎日確認してみると、だいたいの自分の傾向がわかるので、目標が設定でき、

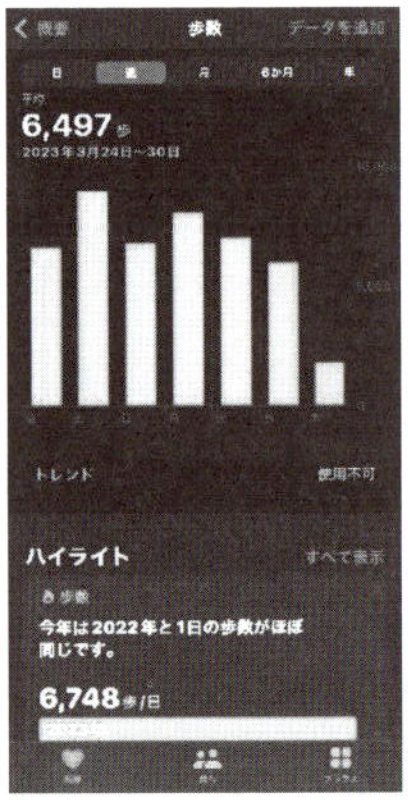

アイフォーンのヘルスケアアプリ

ウォーキングを習慣化するのに役立つ。

また、アップル・ウォッチには、日々の「運動」をサポートしてくれる機能が標準装備されている。日常における歩行や運動などによって消費したエネルギーの総量を表示してくれる「アクティビティ」だけでなく、ランニングやサイクリングなどの特定のエクササイズに関して、経過時間や移動距離、消費カロリーなどを記録できる「ワークアウト」アプリがある。

アプリを起動して、実施するエクササイズの種類を選ぶだけで、数秒のカウントダウンののち、測定がスタートする。ウォーキング、ランニング、サイクリング、プールスイミング、ヨガ、太極拳などさまざまなエクササイズが追加でき、心拍数、ペース、距離、継続時間、速度、消費カロリーなどを計測してくれる。

アップル・ウォッチのワークアウト
出典：Apple HP「Apple Watchでワークアウトアプリを使う」
URL：https://support.apple.com/ja-jp/101171

また、137ページで紹介した「dヘルスケア」を活用するのもいいだろう。

アクティブビデオゲームで運動する

ゲームが好きな人には、79ページでも紹介したWii Fitやリングフィットアドベンチャーなど、**体を動かせるアクティブビデオゲーム**がおすすめだ。寝る前に30分など、時間を決めておけば、楽しみながら運動を習慣化できる。ただし、のめり込みやすい人は、夢中になってやり過ぎないよう注意が必要だ。

水泳や登山、サイクリングなど、人と競わない運動をやってみる

残念ながら、人と比べられたり、順位をつけられたりした劣等感から、運動が苦手になってしまうケースは、後を絶たない。

そんな人には、ウォーキングやジョギングのほか、水泳、登山、サイクリング、ヨガ、太極拳など、**黙々と自分のペースで取り組め、人と競わなくても楽しめる運動**がよいだろう。

特に登山は、鉄道や自然観察、ローカルグルメなどと組み合わせることで、別の楽しみも得られる。実際に、大人になってから登山にはまり、趣味にしている発達障害の人は少なくない。まずは日帰りで行ける初心者向けの山から始めてみてはどうだろうか。

寝たままできるストレッチを習慣にする

夜寝る前などに、**寝たままできるストレッチを取り入れてみる**のもいい。仰向けに寝たまま膝を抱えて大殿筋のストレッチ、膝を立てて横に倒して腹斜筋のストレッチ、膝を曲げお尻を上げて行う殿筋《でんきん》と脊柱《せきちゅう》起立《きりつ》筋群《きんぐん》のストレッチなど、簡単にできるストレッチなら、体への負荷が少なく初心者にもおすすめだ。

慣れてきたら、ストレッチの種類や回数を増やしたり、筋トレを追加したり、バリエーションを広げてみよう。ネットで調べると、ストレッチや筋トレの動画がたくさんあるので、参考にしながら、無理なくできるものからチャレンジしてみよう。

寝たままできる主なストレッチ

■大殿筋のストレッチ

- 仰向けに寝た状態で膝を抱え、10秒間キープする
- 左右5回ずつ行う

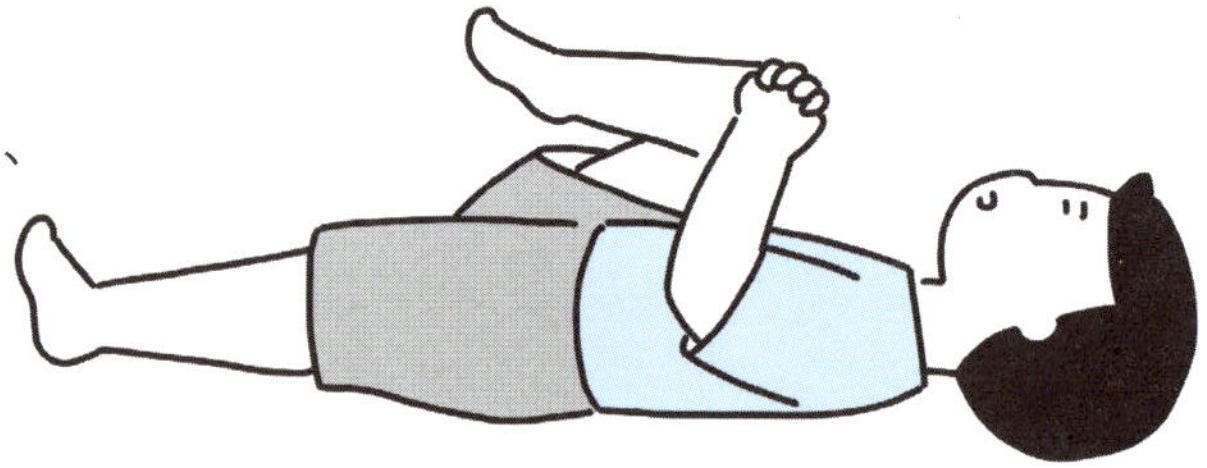

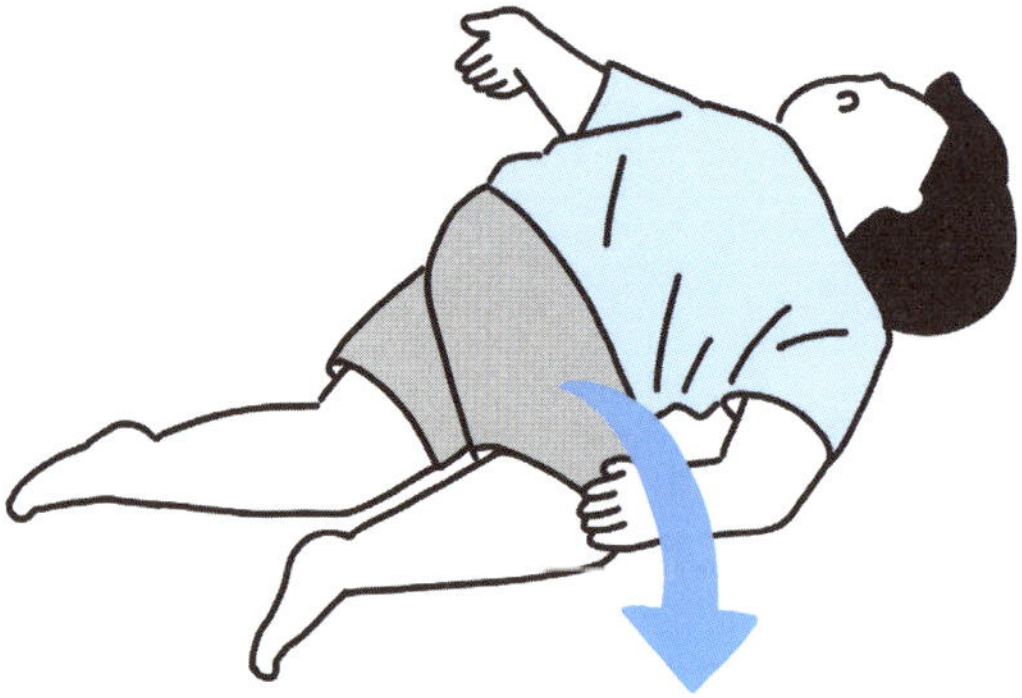

■腹斜筋のストレッチ

- 仰向けに寝た状態で、片方の膝を立て反対側に倒す
- 顔や胸は、できるだけ動かさない
- 左右10回ずつ行う

■殿筋と脊柱起立筋群のストレッチ

- 仰向けに寝た状態で、両膝を曲げて両手でつかみ、お尻を上げて膝を胸に近づける
- 左右10回ずつ行う

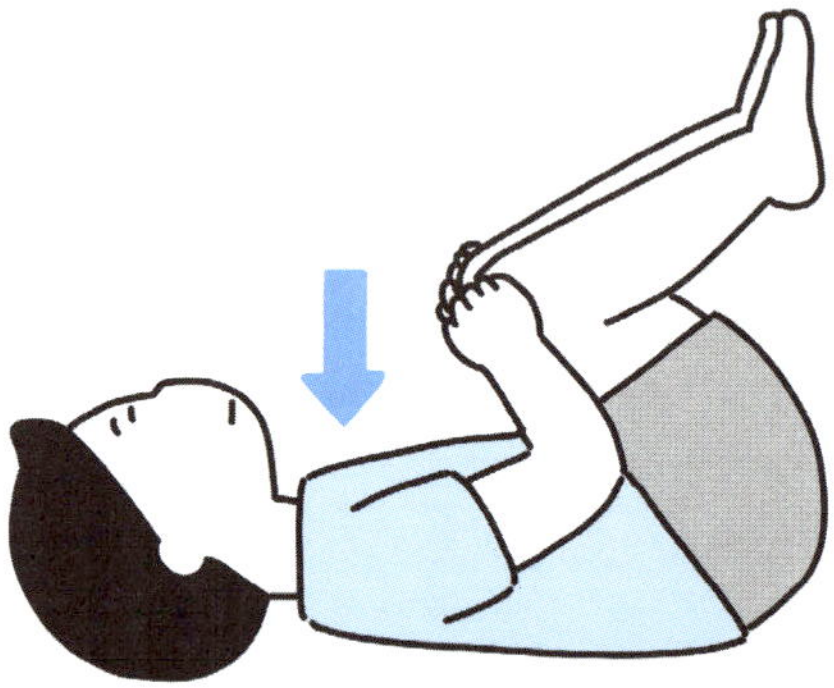

第6章

「体調がコントロールできない」のを何とかしたい！

自己管理が難しく、体調を崩しがち

ベストなパフォーマンスで仕事を続けていくためには、体調の管理がとても重要だ。けれども自分の状態を客観的に把握したり、行動をコントロールしたりすることが苦手な発達障害の人にとって、自己管理はなかなかハードルが高い。

長時間、座っていられない

対策

- 短時間の休憩を定期的に取るようスケジュールを組む
- スマホアプリを活用して定期的に姿勢を変える
- パソコンの画面を高くする台を置く
- 座り心地を改善する快適なアイテムを使う

事例 デスクワークが苦手で、長時間、座っているだけで疲れてしまう

子どもの頃から、じっとしていられず、長時間、座っているのが苦手。小学生の頃は、授業中に席を離れてウロウロしたり、いきなり教室から飛び出したりして先生を困らせていたと、親から聞かされている。中学生以降は、さすがにそんなことは少なくなったが、落ち着きがないことには自覚がある。

今の仕事は営業なので外回りが中心で、毎日が新鮮。持ち前のフットワークの軽さや直感を活かすことができ、自分に向いていると感じている。一方で、極端にデスクワークが苦手で、困っている。

月末になると経費の精算などの事務作業が必須だが、座って作業をしていると、それだけで疲れるため、集中力が続かない。ついついデスクワークを後回しにするので、どんどんたまってしまう。何カ月も経費を精算していないので、経理の人から「精算がまだなのは、〇〇さんだけですよ！」と怒られてしまった。

原因 ADHDの特性だけでなく、体の使い方に課題があるかも

ADHDの特性による落ち着きのなさはもちろん、過集中や注意散漫といった集中力の課題もあり、**デスクワークが苦手**な人は少なくない。大人になると、はた目からも明らかなほどの多動症状は収まっていたとしても、じっと座っていないといけない状況が苦手なこ

とに変わりはない。さらに、**モチベーションが持てない仕事に集中できない**のも、職場におけるADHDタイプの課題だ。

取り組むべき事務作業が目の前にあるのに、集中できない。頭では「やらなければならない」とわかっていても、なかなか手がつけられなかったり、他のことを始めてしまったり……。

興味のあることには没頭して大きな成果を上げられる才能がある一方で、興味を持つことができない単純作業などにはまったく集中できず、別のことに関心が向いてしまうのだ。

筋力が弱く、疲れやすい

体幹が弱いことも座っていられない原因になる。体幹とは、顔や首、手、腕、足を除いた胴体部分の、腹筋や背筋など体の深い部分にある筋肉のこと。発達障害の人

体幹が弱いと長時間姿勢を保てない

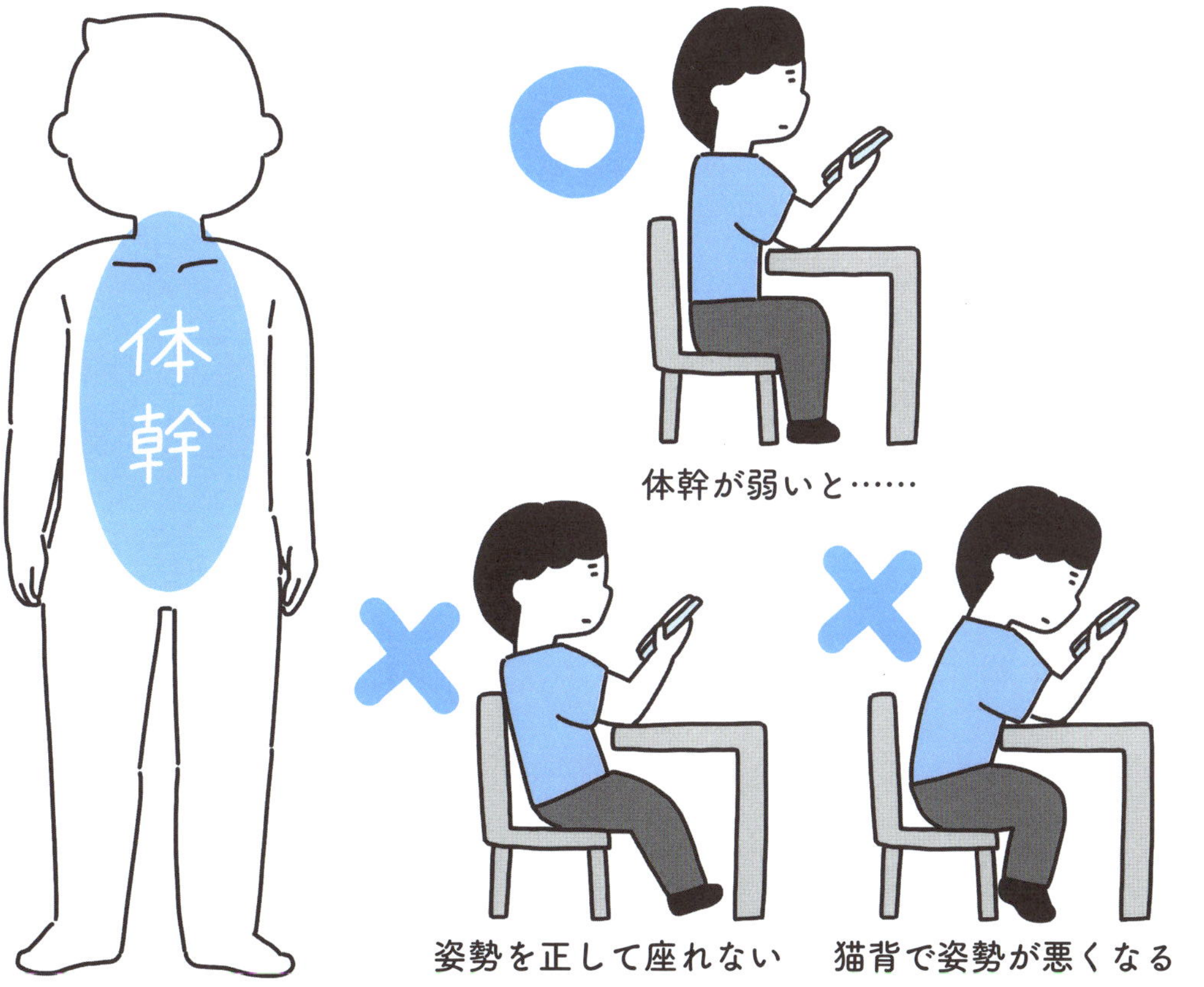
体幹
体幹が弱いと……
姿勢を正して座れない
猫背で姿勢が悪くなる

の中には、生まれつき筋肉の張りが弱い、低緊張の人もいる。

さらに運動が嫌いだと、子どもの頃から十分に体を動かす機会がなく、体幹が弱くなる。体幹が弱いと疲れやすく、長時間、姿勢を保てない。

姿勢を正して座れない、猫背で姿勢が悪い、真っすぐ立てない、ふらふらしているなど、該当する点が多ければ、体幹が弱い可能性がある。

発達性協調運動症による姿勢の悪さ

DCD（138ページ参照）が原因で、座っていられないケースも考えられる。人間は本来、体幹周りの筋肉を無意識に調整し、姿勢を保っている。しかし、DCDの人だと、無意識に姿勢を保つことが難しいため、結果的に座っているだけで疲れてしまうのだ。

解決法 座って作業を続けるための作戦を考えよう

長時間のデスクワークが苦手な人は、できるだけ事務作業が少ない仕事を選ぶか、得意な人に代わってもらうなどの対策をとるとよい。

けれども、業務によっては、避けられないケースもあるだろう。そんな場合は、できるだけ座って作業が続けられるような環境調整を考えてみよう。

短時間の休憩を定期的に取れるようスケジュールを組む

自分が集中できる作業時間を決め、短時間の休憩を定期的に取るスケジュールを組んでみよう。

たとえば、「25分作業・5分休憩」など、集中と休憩のサイクルを繰り返すことで作業効率を上げるポモドーロテクニックを取り入れてみるのはどうだろう。作業時間を区切ることによって、集中力が保ちやすい。また、「次の休憩までに3月分の見積書を作成する」など、タスク管理もわかりやすくなる。

スマホアプリを活用して定期的に姿勢を変える

とはいっても、「たびたび、休憩を取るのは難しい」という職場もあるかもしれない。その場合は、スマホのアプリを使ってアラームを設定し、定期的に姿勢を変えるだけでもよい。

たとえば、「集中」アプリは、タイマーで仕事や勉強の時間制限を設ける、ただそれだけのシンプルなアプリだが、意外なほど効果を発揮すると評判なので、試してみてほしい。

パソコンの画面を高くする台を置く

長時間、姿勢を保つのが難しい人は、**普段の座り方を見直してみよう。**たとえば、パソコンスタンドなどを使い、パソコンの画面を高くするだけで疲れにくくなり、作業効率が上がる可能性がある。

座り心地を改善する快適なアイテムを使う

長時間、座っていると疲れてし

ポモドーロテクニックのやり方

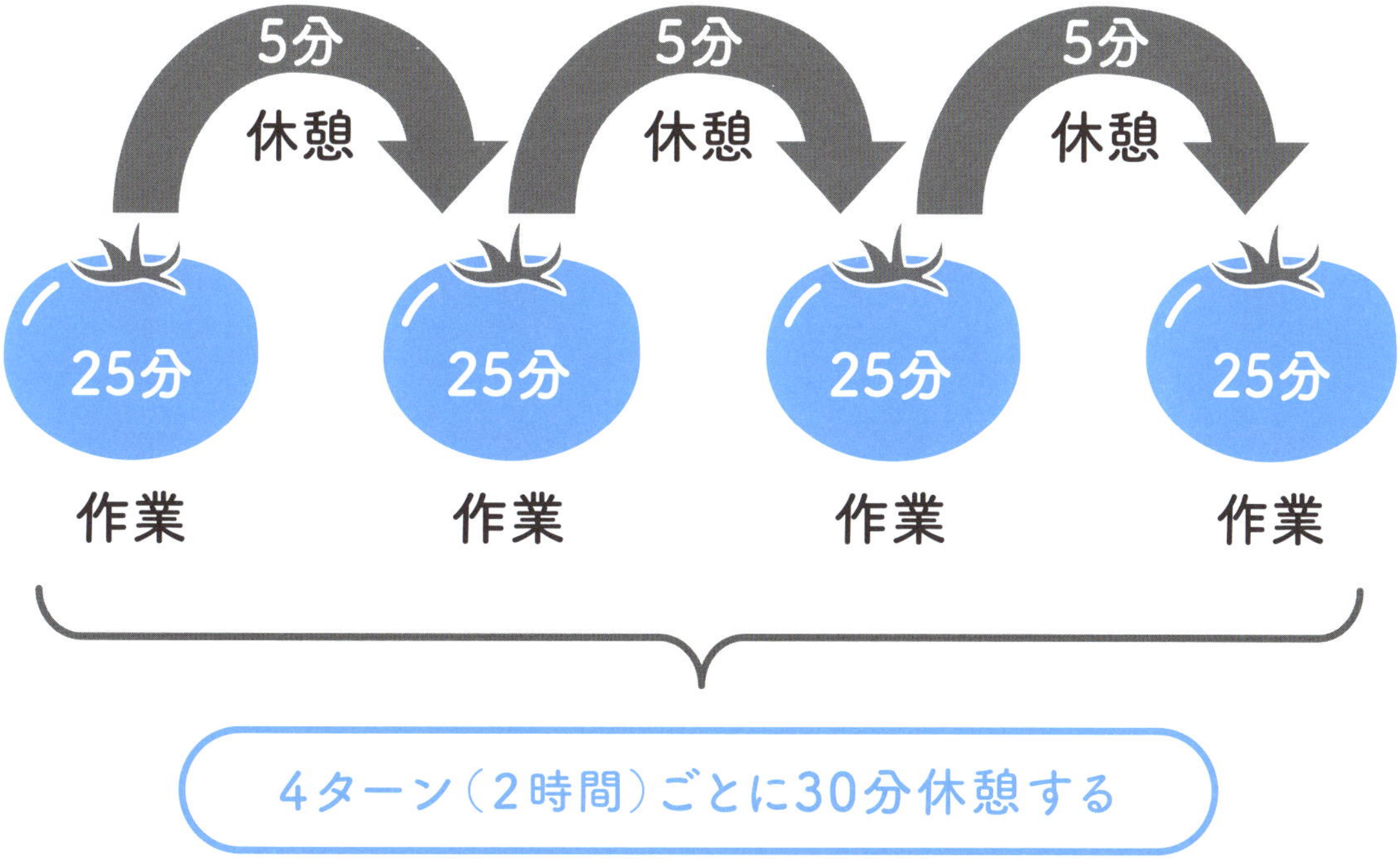

まう人は、普段使っているオフィスの椅子にクッションなどを置いてみるといい。

たとえば、老舗の寝具メーカー西川の「Keeps」は、いつもの椅子に置くだけで、座り心地が改善するお尻の枕だ。仙骨、坐骨、大腿部という3つの部位をサポート。仙骨と坐骨を優しくホールドし、坐骨にかかる圧力を分散することで、長時間でも疲れにくい楽な姿勢をキープできる。

西川のお尻枕「Keeps」

作業療法士が考案した独自のエスリーム技術を採用した「P!nto（ピント）」は、腰や足だけでなく、肩や背中もホールドして、楽な座り姿勢を保持してくれるクッションだ。5000人以上のデータをもとに開発された3次元立体形状が、骨と筋肉を正しい位置に保ち、正しい姿勢習慣を生み出す。背もたれのある椅子であれば、どんな椅子でも利用できる。12色の豊富なカラーバリエーションから選べて、カバーも洗えるので汚れても安心だ。ポリウレタンでできたクッションは軽く、2つに折って持ち運べる。

作業療法士が考案したクッション「P!nto（ピント）」
出典：P!nto HP
URL：https://pin-to.net/pinto/

もう少し安価なアイテムを探すなら、marubisiの「CAGAC」（カガック）がおすすめだ。骨盤の前滑りを防ぎ、美しい姿勢を保ってくれる。座面の後部への傾斜により、腰への負担を軽減させ、自然に背筋が伸びる。

座りながらのストレッチを導入する

デスクワークやパソコン作業を長く続けていると、腰やお尻に負荷がかかり、姿勢が崩れてしまう。ただでさえ座っているのが苦手な人の場合、姿勢が崩れることで、さらに体に負荷がかかる悪循環に陥りやすい。

悪循環を防ぐためには**ストレッチ運動**が効果的だ。座ったままできるストレッチもあるので、1〜2時間に1回、疲れを感じる前にストレッチを行う習慣をつけよう。疲労がたまりにくくなるだけでなく、気分転換にもなるので一石二鳥だ。

姿勢が崩れるのを防ぐためのストレッチ

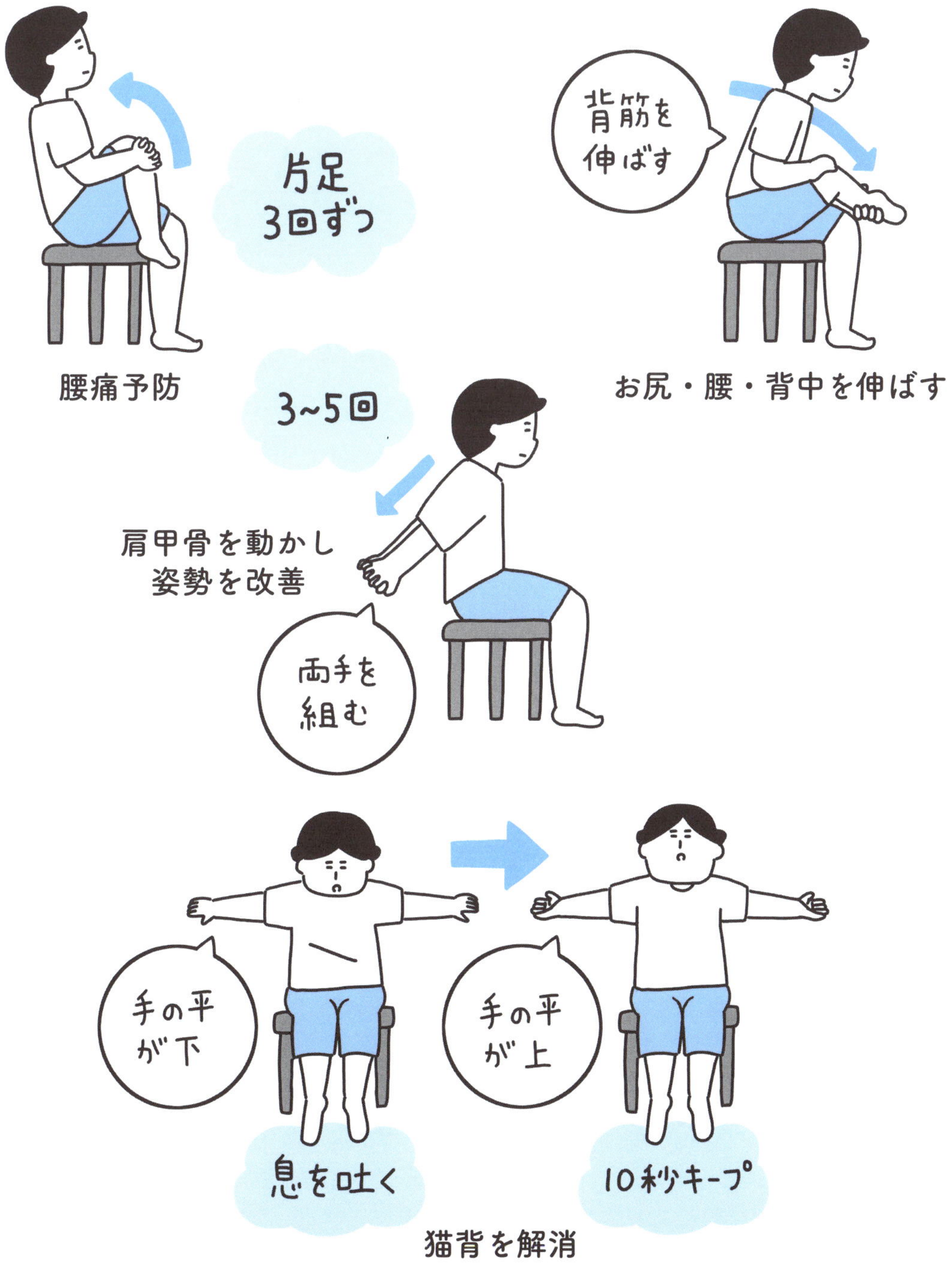

通勤するだけでぐったり

対策

- ノイズキャンセリング機能を利用する
- 視覚刺激をカットする
- 苦手なにおいを避け、好きな香りでマスキング

事例

通勤するだけで疲れてしまうだけでなく、途中で気分が悪くなることもある

今の仕事は好きだし気に入っているけれど、会社が自宅から遠いので、通勤に苦労している。

感覚過敏があるので、特に朝の満員電車が苦手だ。みんな我慢しているのだから仕方がないと自分に言い聞かせているが、途中で気分が悪くなってしまい、電車を降りることもしばしばある。

混雑のピーク時間を避けるため、早起きするなどの努力もしているが、限界がある。ラッシュ時よりはマシだと思うが、それでもそこそこ混んでいて、毎日、会社に着く頃には、ぐったりしてしまう。

原因

感覚過敏があり、刺激を過剰にキャッチしている

感覚過敏があると、**さまざまな刺激を過剰にキャッチしてしまう**ため、公共交通機関を使っての通勤はハードルが高い。

聴覚過敏があると、話し声、咳払いやくしゃみ、スマホなどからの音漏れ、アナウンス、電車の走る音、モーター音など、**いろいろな音が刺激として入ってくる**ので、それだけで疲れてしまう。音だけでなく、車内の照明や液晶ディスプレイの光などがまぶし過ぎて、目がチカチカする人もいる。

また、においに過敏な人の場合、香水や体臭、タバコやアルコール臭、柔軟剤や洗剤の香りなどで、気持ちが悪くなることもある。

満員電車などで、他人と体が触れるのが苦手な人もいる。

解決法

できるだけ苦手な刺激をシャットアウトしよう

公共交通機関を避ける

感覚過敏がある人にとって、公共交通機関は刺激が強過ぎる過酷な環境だ。ましてや満員電車は、聴覚刺激や視覚刺激のみならず嗅覚刺激、触覚刺激など、ありとあらゆる刺激が詰め込まれた刺激の缶詰め状態で、しかも逃げ場がないため、地獄のような責め苦となってしまう。

すでに自覚があるほど通勤がつらいのであれば、職場の近くに引っ越すか、自転車やバイク、車で通勤するなどの代替案を考え、できれば公共交通機関での通勤を避けたほうがよいだろう。

感覚過敏がある人が電車内で受け取る刺激

ノイズキャンセリング機能を利用する

そうはいっても、現実的に公共交通機関を避けての通勤が難しい人も多いだろう。そんな場合は、できるだけ刺激を避けるため、便利なアイテムを活用しよう。

聴覚過敏の場合は、**ノイズキャンセリングイヤホン**などを使い、外界の音を強制的にシャットアウトしよう。ノイズキャンセリングとは、内蔵されたマイクで周りの騒音を集め低減するしくみのことだ。耳全体を覆うタイプのノイズキャンセリングヘッドフォンのほうが遮音効果は高いが、夏は暑い、持ち運びがかさばるなどのデメリットがある。その点、イヤホンはコンパクトで持ち運びも便利だ。1000円前後から市販されているので、試してみるといい。

聴覚過敏のある人は、しゃべり声だけでなく、他人の咳払いや舌打ちなども気になり、疲れてしまうことがある。自分に関係のない情報は、そもそもキャッチしないよう対策するのがポイント。好きな音楽やヒーリング効果のある自然の音を聴くのもいいだろう。

視覚刺激をカットする

多くの人が利用する公共交通機関や駅では、視覚情報の量も多い。まして視覚過敏のある人は、光や文字などの視覚情報を過剰にキャッチしがちなので、その場にいるだけで疲れてしまう。

目から入ってくる刺激をダイレクトに遮断してくれるアイテムとして最適なのがサングラスだ。けれども、視界が暗くなり過ぎる、コーディネートが難しいなどの使いにくさがある。そこで、サングラスが苦手な人におすすめなのが、**ブルーライトカット眼鏡**だ。本来はパソコンなどで作業する際の目の疲れを軽減するためのアイテムだが、サングラスの代用品として、視覚刺激を減らす効果も期待できる。レンズカラーもさまざまで、ほぼ透明に近いタイプもあるので、自分に合うものが選べる。

どうしても眼鏡をかけるのが苦手な人は、意識的に目を閉じて、視覚から入ってくる刺激を減らすことを心掛けてみよう。スマホを見たり、本を読んだり、何かに没頭することで余計な刺激をシャットアウトできる。

また、座席や立つ位置を変えるだけで、刺激を軽減できる場合もある。たとえば、ドアに近い端のほうに座ってみたり、車内に背を向けてドアの前の手すりのところに立つようにしたりなど、できるだけ中央の混雑する場所を避けるのがベター。人の表情や動作が気になる人は、できるだけ窓の外を眺めるなどしてみよう。

苦手なにおいを避け、好きな香りでマスキング

嗅覚が過敏な人は、苦手なにおいを防ぐために、電車の中などでは**マスクをする**とよい。防臭効果が高い活性炭入りのマスクや、マスクスプレーを活用するのもおすすめだ。

また、好きな香りのアロマや、好きな香りを染み込ませたハンカチやタオルを持ち歩けば、気分が悪くなったときの気分転換に役立つ。

ガムやミントタブレットなども、嗅覚過敏の対策になる。特に、ミントに含まれるメントールはさわやかな清涼感があり、苦手なにおいをマスキングしたいときや、気持ちを切り替えたいときに活用できる。

刺激を避けるための工夫

鼻からの刺激

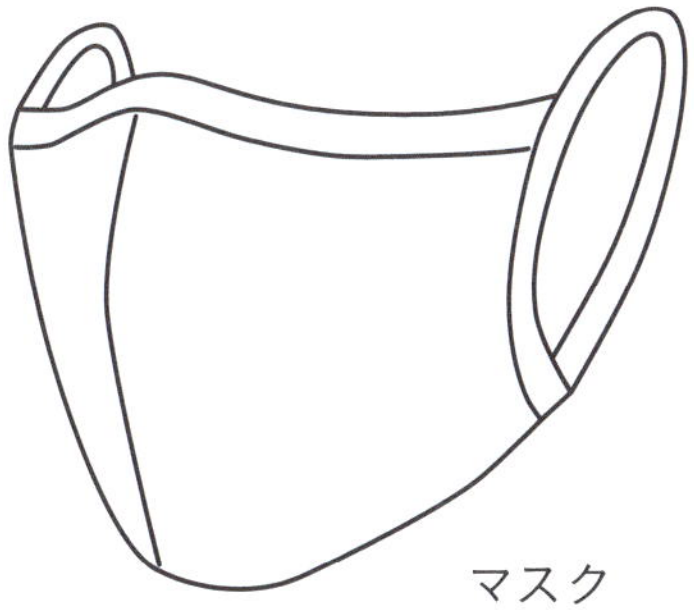

マスク

耳からの刺激

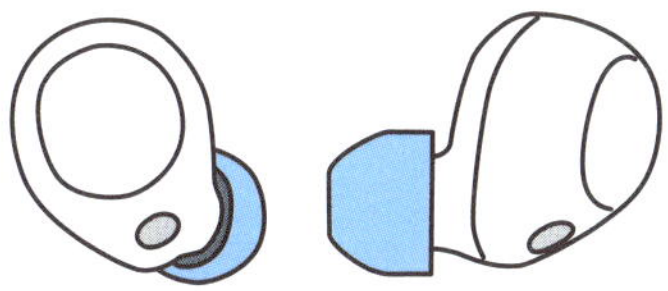

ノイズキャンセリングイヤホン

目からの刺激

ブルーライトカット眼鏡

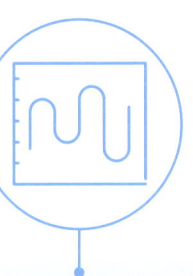

在宅勤務で体調を崩しがち

対策

- 体調不良のサインをキャッチする
- アプリを使い、ポモドーロテクニックを取り入れる
- 服装でオンオフをつける
- 生活空間と仕事の空間を分ける

事例

テレワークが増えて自己管理が難しく、体調を崩しがち

コロナ禍以降、在宅ワークが導入され、パンデミックが終息した今でも週に2〜3回は家で仕事をしている。

通勤の負担がなくなり、自分のペースで仕事ができるメリットがある一方で、デメリットも感じている。始業・終業時間を定めないフレックスタイム制のテレワークなので、ついつい寝坊してしまい始業時間が遅くなることが多い。埋め合わせるために、深夜まで仕事をすることが増え、生活のリズムが崩れている。

集中していると、ついつい休憩を取らずに仕事を続けてしまうので、長時間、座り続けている日もある。そのため、肩こりや腰痛がひどくなっている気がする。先日は、肩こりが原因だと思われる頭痛で、起き上がるのがつらいほどだった。

けれども、どんなに体調が悪くても、家だと無理して作業ができてしまうので、休まずに仕事をしている。結果、何だか調子が優れない日が続いていて、仕事でも些細なミスが増えている。

原因

特性が原因で体調管理が難しい

長時間労働が常態化し、疲労が蓄積している

始業・終業時間が曖昧なフレックスタイム制のテレワークは、不規則な生活の誘因になる。さらに、プライベートと仕事の区分が曖昧になるため、自己管理が難しく、ダラダラと働いてしまうリスクが高い。特に、過集中（25ページ参照）などで休憩を取るのが難しい人は、**長時間労働が常態化しやすい**。

その結果、疲労が十分に回復されない状態で仕事をすることになり、心身ともにストレスが蓄積し、集中力を欠く結果となってしまうのだ。

長時間のパソコン作業が体調不良や不眠を招く

テレワークの場合、パソコンによる事務作業だけでなく、会議や打ち合わせなどもオンラインで行われる機会が多いため、どうしてもパソコンの画面を見ている時間が増えてしまう。長時間のパソコン作業は、眼精疲労や、首や肩のこり、腰痛などの原因になる。

特に、オフィスと違って、自宅には仕事用のデスクや椅子がなく、食事をするテーブルなどで作業をしている人もいるだろう。こうした無理な姿勢を続けたり、硬い椅子に座り続けたりする状態が、余計に体に負担をかけ、体調不良を招く。

さらに、**パソコン画面のブルーライトが睡眠障害を引き起こす**可能性が指摘されている。夜間や寝る前にブルーライトを浴びると、メラトニンの分泌が抑制され、体内時計が後ろにずれるため、眠れなくなってしまう。もともとメラトニンの分泌がスムーズでない発達障害の人は、特に長時間のパソコン作業が不眠の原因になりやすいので注意が必要だ。

歩かなくなることによる運動不足

出勤すると、通勤時だけでなく、オフィスや職場内の移動、取引先への訪問など、歩く機会は意外に多い。

けれども、テレワークの場合、家から一歩も出なくても働けてしまう。そのため、ただでさえ運動が苦手で、体を動かす習慣がない発達障害の人は、ますます**運動不足**になってしまう。体を動かす機会が減り、肩こりや腰痛がひどくなるという悪循環に陥りやすいのだ。

解決法 不調のサインをキャッチし、自己管理の方法を工夫する

体調不良のサインをキャッチ

テレワークによる体調不良を悪化させないためには、不調のサインを自覚し、疲労をため込む前にきちんと対策を講じることが大切

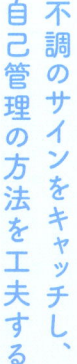

だ。

　不調のサインをキャッチしたら、無理せず、休憩を取るのが鉄則だ。気分転換に、時間を決めて散歩をしてみるなど、**一度リセットする習慣をつけよう。**

　仕事を続けなければならない場合でも、意識して姿勢を変えてみたり、座ったままできるストレッチをしたり、お茶を飲んだりと、リフレッシュすることを心掛けよう。

アプリを使い、ポモドーロテクニックを取り入れる

　自分で不調に気づきにくいなら、146ページで紹介した**ポモドーロテクニック**を取り入れてみよう。

　たとえば、「Focus To-Do：ポモドーロ技術&タスク管理」は、ポモドーロテクニックとToDoリストを1つに統合したアプリだ。ToDoリストでタスクを書き出し、整理できるので、優先順位をつけるのが苦手な人におすすめだ。また、フォーカスタイマーを用いて仕事や勉強に集中する時間を設定できる。重要なタスクにリマインダーを設定して通知したり、タスクに費やした時間記録を統計的にトラッキングしたりできるので、自己管理が難しい人は試してみるといい。

「Focus To-Do：ポモドーロ技術&タスク管理」ならフォーカスタイマーを用いて仕事や勉強に集中する時間を設定できる

仕事の時間を区切る（時間的構造化）

　せっかく定時で仕事を切り上げても、スマホの待ち受け画面に仕事のメール受信の通知が届くと気持ちが落ち着かない。

　ついつい業務時間外にメールの返信をしたり、仕事の内容をチェックしたりしてしまう人は、時間帯で通知をオフにする機能「おやすみモード」などを設定しよう。体調を崩さないよう、意識してプライベートの時間を確保する努力が必要だ。

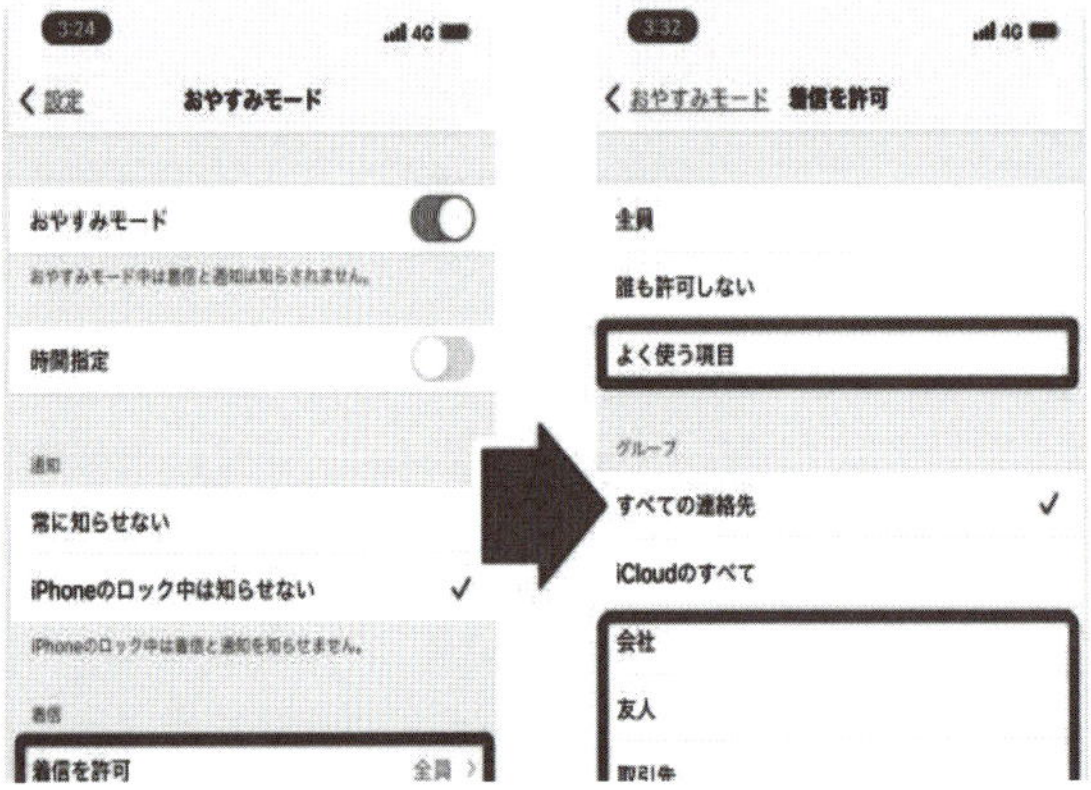

「おやすみモード」などを使ってオフの時間を確保する

服装でオンオフをつける（物理的構造化）

自己管理が難しく、特にテレワークでは、プライベートと仕事の区分が曖昧になってしまう人は少なくない。そんな人には物理的な構造化が必要だ。

たとえば、勤務時間中はジャケットを羽織るなど職場を想定した服装に着替え、勤務時間外は部屋着に着替えるなど、**服装でオンオフをつけてみよう。**

単純な方法だが、案外気持ちが切り替わるかもしれない。特に、マイルールにこだわるＡＳＤの人には、有効な可能性が高い。

生活空間と仕事の空間を分ける（物理的構造化）

ワークスペースが見えていると、寝る直前までずるずると仕事をしてしまい、プライベートと仕事の境目がなくなる要因になる。特に、刺激に衝動的に反応しやすいＡＤＨＤの人の場合は、ひと呼吸置いて「メールの返信は明日にしよう」などと冷静に判断するのが苦手なため、「ついつい」が「ダラダラ」になりがちだ。したがって、できれば**物理的に生活空間とワークスペースを分けよう。**

自分専用の書斎があれば扉を閉めるだけでよいが、部屋の片隅をワークスペースにしている人のほうが多いはず。そんな人は、**パソコンデスクの横にパーティションを立てる**などの工夫をしてみよう。

部屋が狭くて仕事も食事も同じ机という場合も、オフの時間には仕事に関する刺激が目に入ってこないような対策が必要だ。終業時間になったら仕事で使った資料やパソコンなどを置きっ放しにせず、いったん片づける習慣をつけよう。片づけるのが面倒なら、布で覆うだけでもＯＫ。見えなくなることで、衝動的な反応もいくらかは防げるはずだ。

休みを取るのも仕事のうち

オフィス勤務とは違い出社する必要がないテレワークでは、少しくらい体調が悪くてもデスクに向かえば仕事ができる。発達障害の人は根が真面目な人が多いので、「体調がイマイチだな」と思っても、仕事をしてしまう。

しかし、無理して仕事をすると、体調が悪化し、回復までに時間がかかる。**体調が悪いと感じたら、遠慮せずに休みを取るほうがよい。**労働基準法でも、労働時間が6時間を超える場合は少なくとも45分、8時間を超える場合は少なくとも1時間の休憩を取ることが定められている。「休みを取るのも仕事のうち」「社会人としての義務」だと心に刻んでおこう。

こんなサインに注意する

体がしびれる

目が疲れる・しばしばする

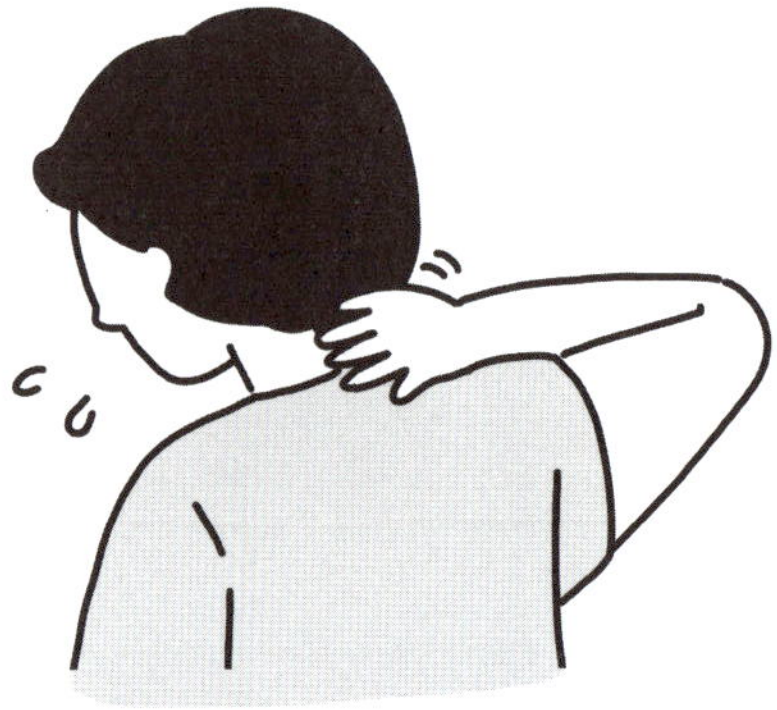

肩や腰、首などがだるい

足がむくむ

集中力が続かない

体がこわばる

不安やイライラが続く

寝つきが悪い・眠れない

食欲がなくなった

気力がわかない

寝起きが悪い

休みの日にしっかり休めない

対策

- 休む場所を決め、仕事に関わるものから物理的に距離を取る
- ワークスペースや仕事に関わるものが目に入らないようにする
- スマホやパソコンの、仕事のメールの通知はオフにする
- 休日はパソコンを開かないなどのルールを決める

事例 休みの日にも仕事をしてしまい、きちんと休めていない

仕事に関して、いつも「ちゃんと成果が出せていない」という焦りがある。休日も、仕事のことばかり考えていて、メールをチェックしたり、自宅で作業したりしてしまう。

冷静に考えてみると、休日返上でやらなければならない仕事ではないのに、なぜか「休んでいる場合ではない」と思い、休めない。

特に上司や先輩に指摘されているわけではないけれど、「うまくやれていないんじゃないか」「もっと完璧にやらなければならないんじゃないか」という焦燥感があり、到底、休む気持ちになれず、まったく気が休まらない。

原因 気持ちを切り替えられない

見通しを立てるのが苦手

特にASDの人は、**見通しを立てて計画的に仕事をするのが苦手**だ。

たとえば、「できるだけ早く」などと曖昧な指示を出されると、期日がわからず優先順位を考えて取り組むことが難しい。さらに、相手の声色や表情から意図を適切に読み取れないため、「どのくらい急いでいるのか」が判断できない。その結果、優先順位を間違えたり、期日に間に合わなかったりと、うまくいかなかった経験を積んでしまうことがある。

また、ネガティブな経験が頭に残っていると、いつも「間に合わ

ないんじゃないか」という不安に駆られ、休日でも気持ちが切り替えられなくなっていく。

こだわりが強く、完璧主義

こだわりが強い人の場合、仕事に対しても**完璧主義になりがち**だ。理想を求め過ぎて細部にこだわってしまったり、「こうでなければならない」という思考パターンに陥ったりして、結果、いつも仕事に追われていて、休日でも気持ちを切り替えられなくなる傾向が強い。

感情や行動のコントロールがうまくできない

無意識のうちに刺激に反応してしまうADHDの人は、休みの日に**仕事の情報を頭からシャットアウトできない**。

ふとした瞬間に、「○○さんに返信したかな？」「見積もりはいつまでだっけ？」などと思い浮かぶと、衝動を抑えられずパソコンに向かったり、メールをチェックしたりしてしまう。「なんで部長の質問に、ちゃんと答えられなかったんだろう」などとうまくいかなかったことを反芻《はんすう》して、くよくよ悩んでしまうこともある。

具体的な方法がわからない

一方、オンオフの切り替えが難しいことに加えて、**「休む」というイメージが持ちづらく**、具体的にどうすれば休めるのかがわからないため、結果としてオフにできない人もいる。

たとえオフィスに行かなくても、家で書類の整理をしたり、メールの返信をしたり……。ダラダラと仕事をしてしまう。結果的に、心身ともに休めず、疲労をためてしまうのだ。

解決法 休むことを習慣にする

安定してベストなパフォーマンスを発揮するためには、**しっかり休みを取ること**が、何より大切だ。特に発達障害の人は、疲労がたまっている自覚がなく、いきなりバーンアウトするリスクがあるので、自己判断に頼るのではなく、必ず休みを取ることを習慣にする必要がある。

たとえば、週末が休みで、休み明けの月曜日が期日の仕事があるとする。「間に合わないかも」と不安になったり、「できれば完璧に仕上げたい」と考えたりして、休日返上で働いてしまう人もいるかもしれない。けれども、人間のパフォーマンスには限界がある。休みを取らないと、疲労がたまったまま仕事をすることになり、結果的に効率が悪くなる。それだけでなく、うつ病などのリスクが増すことが科学的にわかっている。

つまり、無理して働くよりも、週末は思い切って休みを取り、月曜日にベストなコンディションで、集中して仕事をするほうが効率的なのだ。

時間的構造化と物理的構造化で、オンとオフを明確にする

オンとオフを明確にするには、時間的構造化と物理的構造化が必要だ（156ページ参照）。

物理的構造化では、**仕事の情報がいっさい入ってこないように物理的にシャットアウトする**のがポイントだ。休む場所を決め、仕事に関わるものから物理的に距離を取ったり、ワークスペースや仕事に関わるものが目に入らないようにしたり、スマホやパソコンの、仕事のメールの通知をオフにしたり、工夫してみよう。

時間的構造化のポイントは、**「いつ」「どこで」「何をするのか」休日の計画を明確にすること**だ。「日曜の14時からジムに行き、ヨガをする」「土曜日の16時から、美容院に行き、髪を切る」など、あらかじめ休日のスケジュールを決めておけば、仕事から関心をそらすことができる。

それでも、ついつい仕事をしてしまう人は、「休日の9時から21時までは、いっさいパソコンを開かない」「メールは読まない」など、**確固たるルールを決める**ほうがいいだろう。できれば周囲に「休日は仕事をしません」と宣言し、協力してもらうと、うまくいくかもしれない。しっかり休みを取ることは労働者の権利であり、社会人として必要なスキルだということも忘れないでほしい。

体のメンテナンスと心のリフレッシュを心掛ける

どうしたら休めるのかがわから

物理的構造化と時間的構造化

物理的構造化

- 休む場所を決め、仕事に関わるものから物理的に距離を取る
- ワークスペースや仕事に関わるものが視覚に入らないようにする
- スマホやPCで、仕事のメールの通知はオフにする

時間的構造化

- 何時から何時まではPCを開かないなどのルールを決める
- 「いつ」「どこで」「何をするのか」休日の計画を明確にする

「メンテナンス」と「リフレッシュ」を意識する

メンテナンス

ゆっくり眠る

お風呂に入る

ぼーっとする

おいしいものを食べる

リフレッシュ

趣味を楽しむ

テレビや映画を見る

友人とおしゃべり

旅やドライブ

ない人は、**「メンテナンス」と「リフレッシュ」の2つを意識してみよう。**

体をメンテナンスするためには、ゆっくり眠る、お風呂に入る、とにかくぼーっとする、おいしいものを食べる、散歩をするなどが考えられる。

リフレッシュには、趣味を楽しんだり、テレビや映画を見たり、友人とおしゃべりしたり遊びに行ったり、旅やドライブに出掛けたりと、自分の心が喜ぶことをやってみるといいだろう。たとえば、押し活グッズを手作りしてみたり、仕事の道具を持たずに近所のカフェに行き、ゆっくりコーヒーを飲んだり、コンビニを巡り新作スイーツを買って食べ比べたりするだけでも楽しいかもしれない。自分なりのリフレッシュの方法を見つけよう。

オンとオフを明確に分ける

第7章

「ついついやってしまう」のを何とかしたい！

ブレーキが利かないのは、どうしたらいい？

発達障害の人は、「ついつい」やってしまうことがやめられず、なかば依存状態になり、抜け出せなくなる場合がある。自己嫌悪のループに陥らないために、セルフマネジメントのスキルを身につけよう！

お酒を飲むのがやめられない

対策

- チェックシートを使って自分の状態を確認する
- お酒を飲む際のルールを決めておく
- 節酒や断酒をサポートしてくれるアプリを活用する
- ストレス発散の方法を増やす

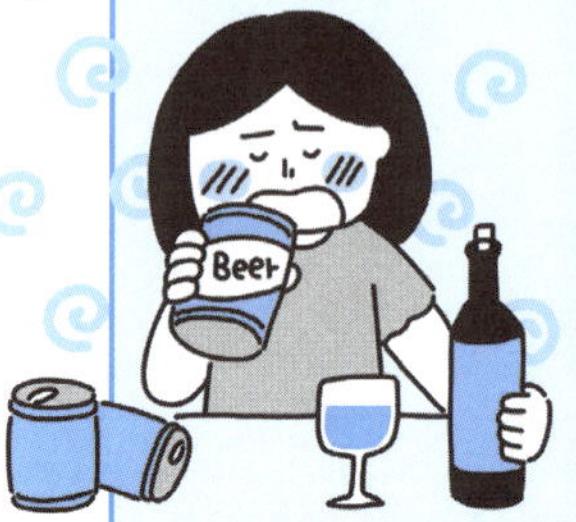

事例

お酒を飲むのがやめられず、飲み会でもついつい飲み過ぎてしまう

社会人になり、気づいたらいつの間にか、毎晩、お酒を飲むのが習慣になっていた。特に飲み会や接待が多い仕事ではないし、いつから飲み始めたのかも覚えていない。「すごくお酒が好き」なわけでもないのに、ついつい毎日、飲んでしまう。仕事がうまくいった日もいかなかった日も、とにかく家に帰ると飲まずにはいられない。

休肝日を作ったほうがよいのはわかっているけれど、お酒を飲まないと眠れなくなり、最近では、だんだん量も増えてきた。記憶がなくなるくらい飲んで寝落ちすることもある。

飲み会は基本的に苦手なので積極的には参加しないが、参加すると、必ず飲み過ぎてしまう。先日、全員参加の忘年会があったが、緊張のあまり飲み過ぎたらしい。まったく覚えていないが、悪酔いしたあげく、店のトイレで寝てしまい、同僚に起こされるまで気がつかなかった。

だんだん、歯止めが利かなくなっている気がしていて怖い。

原因

生きづらさやストレスを和らげるため、アルコールに依存しがち

発達障害の人の中には、**非常に強いストレスを抱え、神経をピリピリととがらせて生活している**人も少なくない。アルコールを摂取すると、慢性的な不安や緊張感、過敏になっている神経が一時的に和らぐため、飲酒が慣習になりやすいのだ。特に、思ったように仕事や家事が進んでいないと、自責の念を和らげようとアルコールに頼り、気づかないうちに、依存してしまいがちだ。

　また、ADHDの人の場合、**物事を先延ばしにする傾向がある**ため、アルコールを飲むことで解決などを回避し、課題を増やしてしまうという悪循環に陥りやすい。

　一方、対人緊張が激しかったり、コミュニケーションに苦手意識があったりするASDの人は、飲み会などの社交的なイベントの場で緊張を和らげようとして、飲み過ぎてしまうことがある。アルコールによって、過剰な自意識や不安を簡単に軽減できるため、知らず知らずのうちに、お酒に頼ってしまうのだ。

　さらに、「お酒を飲む」というルーティンがこだわりになりやすく、特に飲みたいわけではないのに、「毎日、飲まずにはいられない」という状況に陥りやすいので、気をつける必要がある。

解決法　自分の状態を把握し、お酒を飲む際のルールを決める

チェックシートを使って自分の状態を確認する

　特に一人暮らしの人は、注意してくれる同居人がいないため、歯止めが利かなくなるリスクが高い。自分の状況に気づくことが苦手な人の場合、「気がつかないうちにお酒を飲むことが習慣になっていた」「ついついアルコールに依存していた」となりがちだ。

　依存状態が強くなってしまうと、治療にも時間がかかるので、泥沼にはまる前に、169ページに挙げた「**アルコール依存症　チェックシート**（AUDIT）」などを使って、自分の状態を確認してみよう。

お酒を飲む際のルール（量・時間・服装・場所など）を決めておく

　毎日お酒を飲むという習慣（こだわり）を、少しずつ変えていくためには、量や時間、服装、場所など、**お酒を飲む際のルールを自分で決める必要がある。**

　たとえば、帰宅してすぐに飲むのではなく、「夕食と一緒に」「入浴後」「寝る前に」など、飲んでOKなシチュエーションや、「20時以降」など時間を決める。その他、生活状況に合わせ、「晩酌はビール1本」「寝室では飲まない」「必ずルームウェアに着替えてから」「3日に一度は休肝日を作る」などのマイルールを定めてみよう。また、「缶ビール2本まで」など、お酒の量も決め、減らす努力をす

るほうがいい。

量を減らすために、アルコールチェッカー（アルコール検知器）などを使い、**自分の飲酒量を測ってみる**のも効果的だ。

通常は運転時にチェックするための検知器だが、毎日検査する習慣をつけて、飲酒量の多さを自覚&見える化してみよう。上限を数値で決めれば、管理しやすい。スマホやパソコンにデータを転送できるものもあるので、データを蓄積し可視化できる。

節酒や断酒をサポートしてくれるアプリを活用する

節酒をサポートしてくれるアプリも存在する。「I Am Sober」は、禁酒日数を記録するだけでなく、新しい習慣をつけ、同じ目標に向かって努力する人たちの幅広いネットワークとつながることで、モチベーションを高められる便利なアプリだ。禁酒コミュニティを通じて、他の人から学んだり、自分に合った節酒の方法などを共有したりできる。

どのくらい断酒しているのかを視覚化する「しらふの日トラッカー」、1日の始まりに断酒を誓う「毎日の誓いトラッカー」、1週間、1カ月など断酒継続の節目を祝う「マイルストーントラッカー」など、モチベーションの維持に役立つ機能が満載だ。

中でも秀逸なのが、節酒によって節約できたお金と時間を表示してくれる「節酒計算機」だ。お酒を減らすことのメリットが可視化されるため、報酬系が弱いタイプの人でも「お酒を減らせば、お金がこんなにたまるのか！」と気づくきっかけになり、やる気につながりやすい。

また、日々の生活の中で何が飲酒のきっかけになっているのかを振り返れる「トリガー分析」は、メタ認知が苦手な人にとって、ありがたい機能だ。「ついつい飲んでしまう」という人は、試してみよう。

ストレス発散の方法を増やす

普段から大きなストレスにさらされている自覚がある人にとって、お酒はストレスを軽減してくれる貴重な存在なので、やめることは難しいかもしれない。

けれども飲み続けてしまうと、依存してしまうリスクも高くなる。したがって、ジムに通う、趣味に打ち込むなど、**お酒以外でストレスを発散する方法を見つける努力もしていこう。**

自分でコントロールする自信がないのなら、できるだけ早く医療機関やカウンセラーに相談しよう。依存状態になってしまうと、セルフケアでは限界があることを知っておいてほしい。

アルコール依存症　チェックシート（AUDIT）

■問１　あなたはアルコール含有飲料（お酒）をどのくらいの頻度で飲みますか？
０：飲まない　１：飲むけれど１カ月に１回以下　２：１カ月に２〜４回飲む　３：週２，３回飲む
４：週４回より多く飲む

■問２　飲酒するときには通常どのくらいの量を飲みますか？
【参考】２ドリンク：ビール中ビン１本 or 日本酒１合弱 or 焼酎（25度）0.5合程度
　　　　１ドリンク：ワイン1.6杯程度 or ウイスキーシングル１杯
０：１〜２ドリンク　１：３〜４ドリンク　２：５〜６ドリンク　３：７〜９ドリンク
４：10ドリンク以上

■問３　一度に6ドリンク以上飲酒することがどのくらいの頻度でありますか？
０：ない　１：あるけれど毎月ではない　２：毎月ある　３：毎週ある　４：ほとんど毎日ある

■問４　過去1年間に飲み始めると止められなかったことが、どのくらいの頻度でありましたか？
０：ない　１：あるけれど毎月ではない　２：毎月ある　３：毎週ある　４：ほとんど毎日ある

■問５　過去1年間に、普通だと行えることを飲酒をしたためにできなかったことが、どのくらいの頻度でありましたか？
０：ない　１：あるけれど毎月ではない　２：毎月ある　３：毎週ある　４：ほとんど毎日ある

■問６　過去1年間に、深酒の後体調を整えるために、朝迎え酒をしなければならなかったことが、どのくらいの頻度でありましたか？
０：ない　１：あるけれど毎月ではない　２：毎月ある　３：毎週ある　４：ほとんど毎日ある

■問７　過去1年間に、飲酒後罪悪感や自責の念に駆られたことが、どのくらいの頻度でありましたか？
０：ない　１：あるけれど毎月ではない　２：毎月ある　３：毎週ある　４：ほとんど毎日ある

■問８　過去1年間に、飲酒のため前夜の出来事を思い出せなかったことが、どのくらいの頻度でありましたか？
０：ない　１：あるけれど毎月ではない　２：毎月ある　３：毎週ある　４：ほとんど毎日ある

■問９　あなたの飲酒のために、あなた自身か他の誰かがケガをしたことがありますか？
０：ない　１：あるけれど、１年以上前　２：１年以内にある

■問10　肉親や親戚、友人、医師、あるいは他の健康管理に携わる人が、あなたの飲酒について心配したり、飲酒量を減らすようにすすめたりしたことがありますか？
０：ない　１：あるけれど、１年以上前　２：１年以内にある

※各質問の解答番号をそのまま合計する
※36点が最高点で、点数が高いほど飲酒の問題が大きいことを意味している
　20点以上の人はアルコール依存症が疑われるので、医療機関を受診したほうがよい
出典：「厚生労働科学研究費補助金（障害保健福祉総合研究研究事業）精神障害者の地域ケアの促進に関する研究
　　　平成21年度分担研究報告書　いわゆるギャンブル依存症の実態と地域ケアの促進」

パチンコやスロットがやめられない

対策
- 必要なら専門機関に相談する
- 他のストレス解消法を探す

事例　パチンコ店に寄ってしまうと歯止めが利かなくなってしまう

はじめてパチンコをやったのは大学生のとき。たまたま自分の好きなアニメのパチンコ台があると知って、興味本位でパチンコ店に入ったら、5万円勝ってしまった。

それに味をしめ、ときどきパチンコをやるようになったが、大学時代は手持ちのお金も少なかったので、「小遣いがなくなれば終了」という感じだった。

歯止めが利かなくなってきたのは社会人になってからだ。ストレスの多い職場で、むしゃくしゃすることがあった日に、たまたま仕事帰りにパチンコをやってみたら、ストレス発散になり、はまってしまった。

それからはどんなに疲れていても、毎日のように仕事帰りにはパチンコ店に寄ってしまう。休日も1日中パチンコ。勝つときもあるが、負けることが多い。負けると悔しくて、どんどんお金をつぎ込み、いつも閉店まで粘っている。

給料のほとんどをパチンコにつぎ込んだ結果、貯金はとうとうゼロに。このままだと借金をしてまでパチンコにつぎ込んでしまいそうで怖い。

原因　報酬系がうまく働かないため、ギャンブルに依存してしまう

ギャンブルに依存する人の多くは、何らかの生きづらさや大きなストレスを抱えているといわれている。ギャンブルに勝てば簡単に

強い快感が得られ、瞬間的に生きづらさやストレスから解放される。その感覚が忘れられず、ギャンブルから抜け出せなくなるのだ。

とはいっても、ストレスの多い人が全員ギャンブルに依存するわけではない。最近では、発達障害と依存の関係が知られてきており、特にADHDの人は**ギャンブルやアルコールなどに依存しやすい**ことがわかってきた。あるギャンブル依存回復支援機関のデータでは、「利用者のうち約4割に発達障害の診断があった」という報告もある。

ギャンブル依存症の人のうち、発達障害の人が占める割合

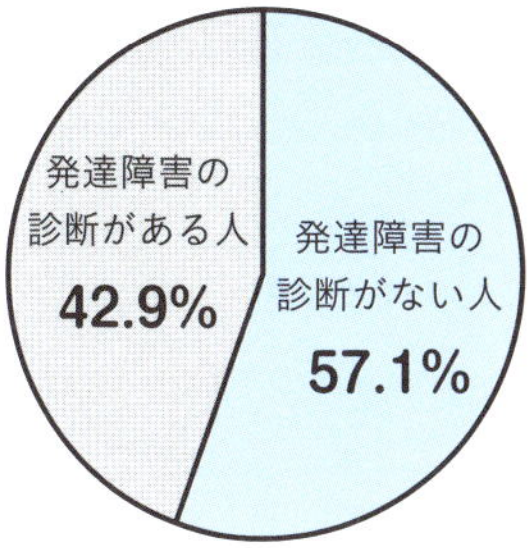

※あるギャンブル依存回復支援機関の利用者28名（依存症）の内訳

その理由として、報酬系（100ページ参照）の機能不全が考えられている。**報酬系がうまく働いていない**と、将来もらえる大きな報酬よりも、すぐにもらえる報酬を選んでしまう。また、コツコツ努力するのを好まず、一発大当たりを求めがちだ。

なぜなら、ADHDの人はもともと、「楽しさ、興奮、達成感、驚き」などを感じたときに分泌されるドーパミンの調整がうまく行えておらず、ドーパミンが大量に放出される、強い刺激を好む傾向がある。パチンコなどのギャンブルのほか、インターネット、アルコール、ニコチンなど、ドーパミンが大量に放出されることで快感や快楽が得られる、刺激の強いものにはまりやすく、自分で制御できなくなる場合がある。

報酬系がうまく働いていないと起こること

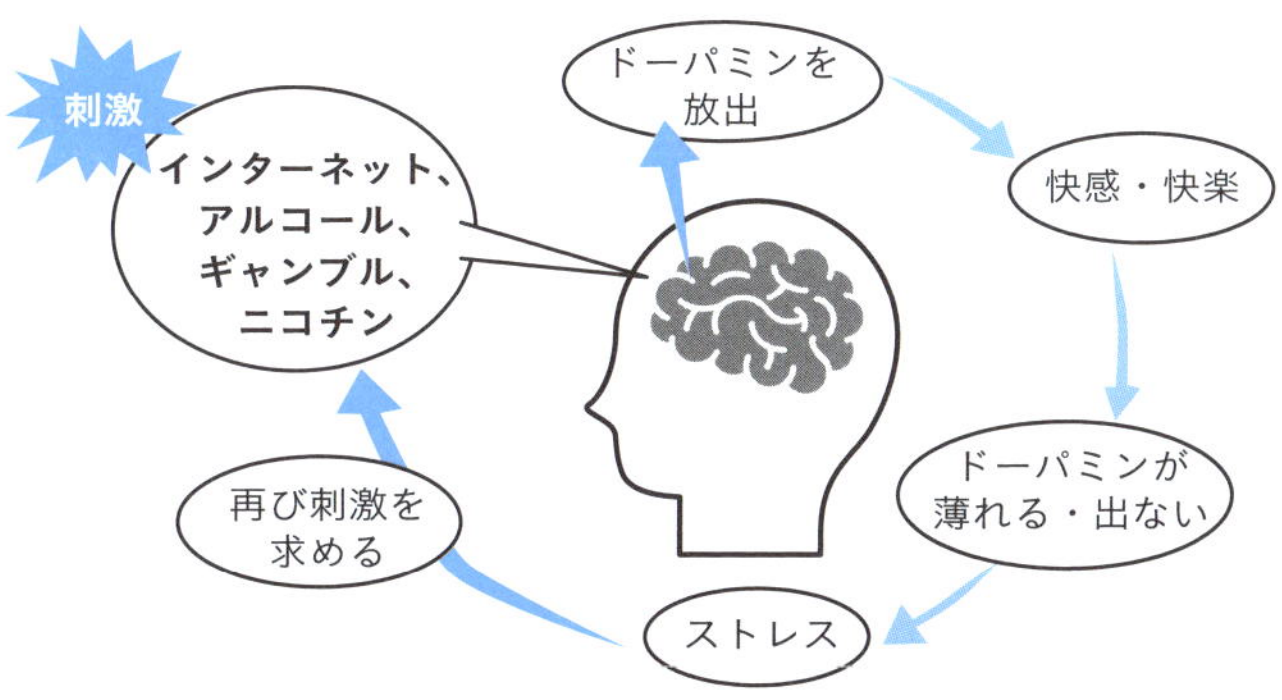

解決法

専門家の力も借りながらセルフマネジメント

必要なら専門機関に相談する

日常生活に支障をきたすほどパチンコにのめり込んでいると危険を感じているなら、まずは、日本語版SOGS（サウスオークス・ギャンブリング・スクリーン）短縮版を使って、自分の状態を確認してみよう。

ギャンブル依存症の可能性が少しでもあるのなら、できるだけ早く、まずは自分の主治医や医療機関、依存症を専門にしている支援機関などに相談しよう。そもそも自分でコントロールできなかった結果、依存症に至っているので、セルフケアだけで状況を改善するのは難しい。

特に発達障害の人の依存症は、その特性が背景にあるため、どちらかを先に治療するのではなく、**発達障害と依存症の両方にアプローチしていく**必要がある。自分でコントロールするのは難しいので、専門家の力を借りるほうがいいだろう。

ただし、既存の依存症のサポートグループやプログラムは、発達障害の人にマッチしない場合もある。まずは発達障害の主治医に相談し、依存症の治療が必要と判断された場合には、発達障害にも精通している依存症の専門機関を紹介してもらうルートがベストだろう。

他のストレス解消法を探す

本格的な依存症の治療は難しいが、自分で努力できることもある。たとえば、日々のスケジュールを作成し、空き時間（暇な時間）を特定し、その時間帯に他の趣味などに挑戦してみよう。

会社の帰りにパチンコに行く習慣がやめられないなら、その時間帯にスポーツクラブに通うことにしたり、習い事を始めたりする手段もある。**できるだけ楽しい時間を増やす**のが、継続できるポイントだ。

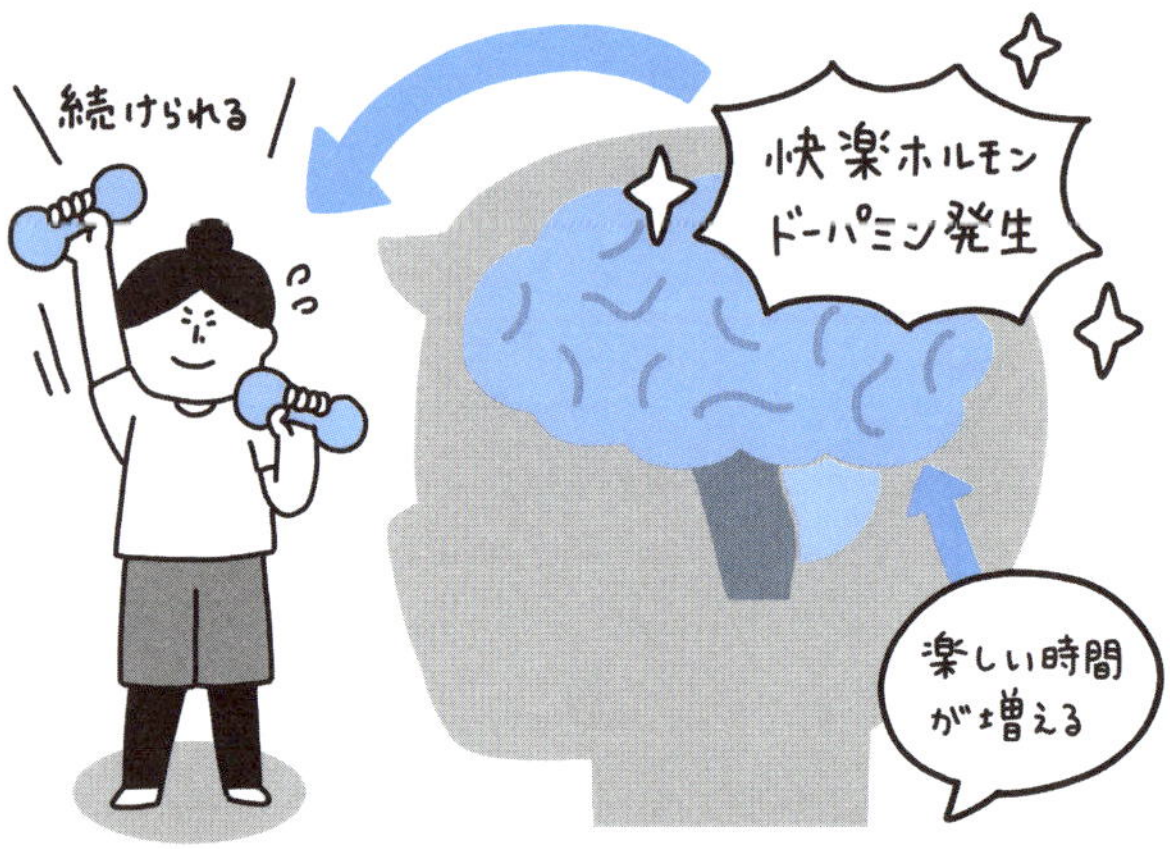

日本語版SOGS短縮版

設問1．ギャンブルで負けたとき、負けた分を取り戻すために、またギャンブルをしたことがある。

① はい　② いいえ

設問2．自分に賭け事やギャンブルの問題があると思ったことがあるか、その問題を人から指摘されたことがある。

① はい　② いいえ

設問3．お金の使い方について、同居していた人と口論となった原因が、主に自分のギャンブルだったことがある。

① はい　② いいえ

設問4．誰かからお金を借りたのに、ギャンブルのために返せなくなったことがある。

① はい　② いいえ

設問5．ギャンブルのためか、ギャンブルによる借金を返すために、下記のいずれかからお金を借りたことがある。

・家計	① はい	② いいえ
・サラ金・闇金	① はい	② いいえ
・銀行・ローン会社	① はい	② いいえ

※判定基準：上記のうち、はいが2つ以上あれば、ギャンブル障害を疑う

出典：「厚生労働科学研究費補助金（障害保健福祉総合研究研究事業）精神障害者の地域ケアの促進に関する研究 平成21年度分担研究報告書　いわゆるギャンブル依存症の実態と地域ケアの促進」

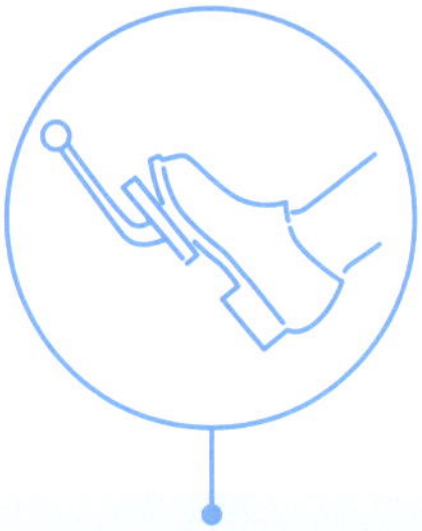

スマホが手放せない

対策

- タイマーなどを活用して時間を制限する
- ToDoリストを作って優先順位をつける
- スマホ内のアプリ数を減らす

事例

1日中スマホが手放せず、SNSも常にチェックしていなければ気が済まない

趣味の合う人と、SNSでコミュニケーションを取るのが楽しみ。朝起きると、すぐにベッドでSNSを確認し、「いいね!」の数などをチェック。

朝食の間も、お気に入りのサイトやニュースを読む。気になる記事があると、ついつい検索したり、SNSに投稿したりしてしまう。夢中になると時間を忘れ、仕事に遅刻することがある。

通勤電車の中でも、ずっとスマホを見ている。キリが悪いと途中でやめられず、歩きながら見ていて、人とぶつかり「歩きスマホはやめろ!」と注意されたこともある。仕事中はさすがにSNSのチェックはできないが、昼休みはスマホが手放せない。

自宅に帰っても、ほとんど家族と会話をせずに、ずっとスマホ。夕食を食べる間もスマホを見ているし、ベッドに入ってもSNSの動向が気になって、寝るのが遅くなりがち。

「食事のときくらいはスマホはやめて!」「いい加減にしなさい」と家族からも怒られている。

けれども、スマホが手元にないとイライラして、ついつい手に取っているので、スマホ依存症ではないかと心配している。

原因

ストレスの発散方法が限定的なので、スマホに頼ってしまう

発達障害の人が、スマホに依存

するケースは、とても多いといわれている。

特に、コミュニケーションや集団行動が苦手な人の場合、友人とランチに行ったり、飲み会に参加したりする機会が少なく、**ストレス発散の場が限られる**ので、情報収集ができて、気軽に話の合う人とコミュニケーションができるSNSなどに頼ってしまうのだ。

こだわりの強さから過集中になりがち

こだわりが強いASDの人の場合は、関心のある分野を検索して情報収集しているうちに、ついつい長時間スマホを使ってしまいがちだ。夢中になっているときには**過集中**（25ページ参照）によって時間の感覚がわからなくなっている場合も多いため、注意しなければならない。

ADHDの特性から、目の前の刺激に反応してしまう

また、**実行機能が弱い**（108ページ参照）ADHDの人の場合、計画を立てて行動するのが難しいため、やるべきことを後回しにして、目の前の刺激に反応してしまいがちだ。たとえば、本来は先にしなければならない朝の支度を後回しにして、目の前にあるスマホの動画などに夢中になり、遅刻してしまう。

特にドーパミンの調整が難しいと、スマホの反応の早さに過剰に反応し、ドーパミン分泌が活性化され、依存状態になる場合がある。

解決法 物理的にスマホと距離を置く方法を考えよう

「スマホに依存してはいけない」と気づいていても、自分の心掛けだけで改善するのは難しい。具体的かつ物理的にスマホから離れる時間を増やす方法を考えてみよう。

タイマーなどを活用し、時間を制限する

夜寝る前などに、ついついスマホを長時間見てしまい、生活に支障が出ているときには、**タイマーを使い、利用時間を制限しよう。**スマホのタイマー機能のほか、ウェアラブル端末の音や振動付きタ

イマー、キッチンタイマーなども活用できる。

　スマホの使用を制限するために効果的なアイテムが、タイムロッキングコンテナ（別名「禁欲ボックス」）だ。タイマー機能があり、スマホやゲーム機など利用を控えたいものをコンテナに入れておけば、設定した一定の時間は取り出せなくなる。

　たとえば、「Aistuoタイムロッキングコンテナ」は、15×18センチとコンパクトな筒状で、タイマーは1分から約10日まで設定でき、ロックをかけると問答無用で開かなくなるというシンプルな作りの商品だ。

　他にも、収納した状態でも充電ができるタイプや、緊急時には電話が掛けられるタイプなどもあり、サイズや形もさまざまなので、自分に合ったものを探してみるといい。

　「禁欲ボックス」に抵抗があるなら、アプリで利用を制限する方法もある。28ページでも紹介した「Blockin（ブロッキン）」は、スマホの利用を制限し、よりバランスの取れた生活をサポートするヘルスケアアプリだ。21時から8時など1日の特定の時間帯の利用を制限する時間帯ブロック、1日3時間など利用時間を設定し時間が経過すると自動でブロックがかかるタイマーブロック、即座にアプリの利用を制限するクイックブロックの3種類から、ライフスタイルに合わせてチョイスできる。

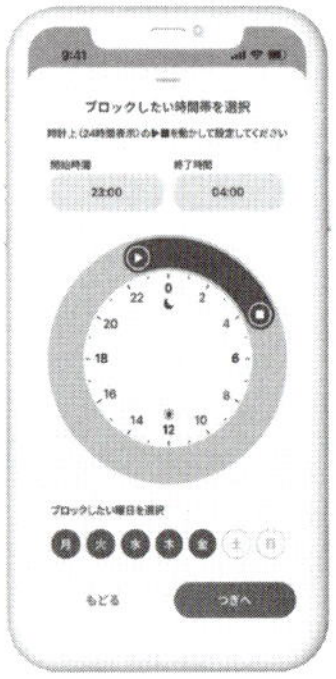

「Blockin」なら、使い過ぎてしまうアプリの1日の利用可能時間や利用できない時間帯を設定できる
出典：Noova HP
URL：https://blockin.life/

　ブロック画面には、時間の価値などを語った偉人の格言が表示されるほか、利用状況に応じてブロッキンキャラクターのアイコンが獲得できるので、モチベーションアップにつながりやすい。

スマホ内のアプリ数を減らす

　手っ取り早い対策として、**スマホ内のアプリを整理する**方法がある。たとえば、ゲームやマンガ、SNSなど、「ついつい見てしまう」系のアプリをスマホから削除し、必要なときはパソコンでチェックする習慣にする。

　少し勇気が必要と思うかもしれないが、慣れてしまうと案外、平気なものだ。試してみると、生活にメリハリができて、スッキリする感覚があるはずだ。

ToDoリストを作り、優先順位をつける

日中、やるべきことをやらずに、スマホをダラダラ見てしまう場合は、左のような**ToDoリストを作り、「優先的にやるべき項目をこなさないと、スマホを使わない」**などといったマイルールを決めよう。

　ToDoリストを作る際には、できるだけマルチタスクを分解し、「洗顔」「歯磨き」「メイク」などのシングルタスクの系列にするのがポイントだ。やるべきことをやってから、スマホを手に取る習慣をつけよう。

出勤するまでにやることリスト

【ルール】
○は絶対する、△は忘れても良い、
完了したら線を引く

- ○洗顔
- ○朝食
- ○メイク
- ○スマホの充電チェック
- △うがい
- △歯磨き
- △かばんチェック・整理
- △朝のメールチェック

エクササイズなど別なストレス発散方法や余暇活動を試す

ストレス発散の機会が少ないと、どうしても手軽に楽しめるスマホに依存してしまいがちだ。オフ会に出掛けてみたり、趣味のサークルに参加してみたり、スポーツクラブやエステに通ってみたり、コンサートやイベントに出掛けてみたりして、**スマホやSNS以外の楽しい機会を作ること**も忘れてはならない。

　他に楽しいことがあれば、自然とスマホを使う時間が少なくなるはずだ。自己嫌悪や罪悪感に駆られて「やめよう」「やめなければ」と思っていても、なかなかやめられない悪循環に陥っている人は、「楽しいことを探す」ミッションに頭を切り替えたほうが得策かもしれない。

本書内容に関するお問い合わせについて

このたびは翔泳社の書籍をお買い上げいただき、誠にありがとうございます。弊社では、読者の皆様からのお問い合わせに適切に対応させていただくため、以下のガイドラインへのご協力をお願い致しております。下記項目をお読みいただき、手順に従ってお問い合わせください。

●ご質問される前に

弊社Webサイトの「正誤表」をご参照ください。これまでに判明した正誤や追加情報を掲載しています。

正誤表　https://www.shoeisha.co.jp/book/errata/

●ご質問方法

弊社Webサイトの「書籍に関するお問い合わせ」をご利用ください。

書籍に関するお問い合わせ　https://www.shoeisha.co.jp/book/qa/

インターネットをご利用でない場合は、FAXまたは郵便にて、下記“翔泳社 愛読者サービスセンター”までお問い合わせください。電話でのご質問は、お受けしておりません。

●郵便物送付先およびFAX番号

送付先住所　〒160-0006　東京都新宿区舟町5

FAX番号　03-5362-3818

宛先　(株)翔泳社 愛読者サービスセンター

●回答について

回答は、ご質問いただいた手段によってご返事申し上げます。ご質問の内容によっては、回答に数日ないしはそれ以上の期間を要する場合があります。

●ご質問に際してのご注意

本書の対象を超えるもの、記述個所を特定されないもの、また読者固有の環境に起因するご質問等にはお答えできませんので、予めご了承ください。

※本書に記載されている情報は、2024年9月執筆時点のものです。
※本書に記載された商品やサービスの内容や価格、URL等は変更される場合があります。
※本書の出版にあたっては正確な記述につとめましたが、著者や出版社などのいずれも、本書の内容に対してなんらかの保証をするものではなく、内容やサンプルに基づくいかなる運用結果に関してもいっさいの責任を負いません。
※本書では™、®、©は割愛させていただいています。

［著者プロフィール］

鈴木 慶太（すずき けいた）

元NHKアナウンサー。東京大学経済学部 2000年卒。ノースウェスタン大学ケロッグ経営大学院 2009年修了（MBA）。星槎大学共生科学部通信制課程特任教授。
長男の診断を機に発達障害に特化した就労支援企業株式会社Kaienを2009年に起業。これまで1,000人以上の発達障害の方の就労支援に携わる。日本精神神経学会・日本LD学会などの学会登壇や、『月刊精神科』、『臨床心理学』、『労働の科学』などの専門誌への寄稿多数。著書に『フツウと違う少数派のキミへ：ニューロダイバーシティのすすめ』（合同出版）、『発達障害の子のためのハローワーク』（合同出版）、『知ってラクになる！ 発達障害の悩みにこたえる本』（大和書房）などがある。

川端 大輔（かわばた だいすけ）

2006年に医療法人上島医院に入職。精神保健福祉士として、精神科デイナイトケアセンター、精神科外来業務、訪問支援など幅広い業務に従事。また、精神保健福祉士の実習担当者として多くの後輩の育成にも尽力。2020年に就労支援の魅力に惹かれ、現在の株式会社Kaienに入職。現在は自立訓練（生活訓練）にてサービス管理責任者として、発達障害の方たちの自立に向けた支援に携わっている。

執筆協力　オザキミオ
装丁・本文デザイン　小口翔平＋神田つぐみ（tobufune）
イラスト　高村あゆみ
本文DTP・図版　一企画

ちょっとしたことでうまくいく
発達障害の人が上手に体調管理するための本

2024年11月18日　初版第1刷発行
2025年 1月25日　初版第2刷発行

著　者　鈴木 慶太・川端 大輔
発行人　佐々木 幹夫
発行所　株式会社 翔泳社（https://www.shoeisha.co.jp）
印刷・製本　株式会社 加藤文明社

本書へのお問い合わせについては、179ページに記載の内容をお読みください。

造本には細心の注意を払っておりますが、万一、乱丁（ページの順序違い）や落丁（ページの抜け）がございましたら、お取り替え致します。03-5362-3705までご連絡ください。

ISBN978-4-7981-7690-1　Printed in Japan